孔子随喜

薛仁明——著

中华书局

图书在版编目（CIP）数据

孔子随喜/薛仁明著. —北京:中华书局,2024.3（2024.6重印）
ISBN 978-7-101-16500-5

Ⅰ.孔… Ⅱ.薛… Ⅲ.孔丘（前551~前479）-人物研究
Ⅳ.B222.25

中国国家版本馆 CIP 数据核字（2024）第 015897 号

书 名	孔子随喜	
著 者	薛仁明	
策划编辑	李 猛	
责任编辑	傅 可	
责任印制	陈丽娜	
出版发行	中华书局	
	（北京市丰台区太平桥西里 38 号 100073）	
	http://www.zhbc.com.cn	
	E-mail:zhbc@zhbc.com.cn	
印 刷	北京盛通印刷股份有限公司	
版 次	2024 年 3 月第 1 版	
	2024 年 6 月第 2 次印刷	
规 格	开本/880×1230 毫米 1/32	
	印张 9⅞ 插页 2 字数 150 千字	
印 数	6001-9000 册	
国际书号	ISBN 978-7-101-16500-5	
定 价	58.00 元	

目　录

第一卷

第三卷

学问，惟在气象

林谷芳

谈中国水墨，你可以推崇范宽的巨碑山水，他磊落道劲，使百家纤巧，喑哑俱废；你也可以心向倪瓒一河两岸的萧疏澹泊，逸笔草草，聊写胸中之气；而论曲尽其态，笔墨酣畅，"山川与予神遇而迹化"，许多人当推石涛为古今之最；谈平淡天真，雅洁远逸，有些人喜直指黄公望的理意兼顾。而即便八大的意境、笔墨，尤其是他那被大家忽略的山水是如此出格地让我觉得千古一人，但若要论气象、论吞吐，怎么说，也还得从蜀人张大千谈起。

朋友问我如何给大千下个断语，我说"气象万千，富贵逼人"。这富贵逼人是张大千极特殊之处，他画工笔、画仕女，乃至画钩金荷花，再如何富贵，却无半点俗气，就如同他过的日子般，令人欣羡，却不让人嫉妒，因为居停挥洒，自有一派风光。

风光是禅家语，这里触目即是，处处生机，正因禅心是活的。活，所以能出入、能吞吐。不过，要如此，还得先将自己打开，将学问打开。

将自己打开，是不泥于己，如此才能与境相应，眼界一换，所见就有不同；将学问打开，是不受限于法，回眸一望，乃满目青山。如此，干人于境，不画地自限，自然开阖自如，写史论人，对境应缘，就有不同气象。

气象是眼界、是格局、是丘壑，但较诸于此，它更有一番吞吐，可以周弥六合，可以退藏于密，无论横说竖说，总有一番气度、一番生机。

所以说，"富贵逼人"只是大千有时外显的相，"气象万千"才是他的根本。在画能不泥于法，从工笔临摹到泼墨泼彩，从册页到通屏，就都能大小无碍，随意进出。寻常说：人能大气所以不俗，这大气不是疏狂，而是开阖的气象。

论艺，要气象；看人，更得看气象。毕竟，艺之一事，尽可举生命之一端，将之极致，就能夺人眼目。而人，却必得全体契入，才有真正的生命成就可言。

生命富于气象，山河大地乃尽是文章；生命缺乏气象，就只能封闭自持，顾影自怜。一个时光推移，益见丰富圆熟，一个则愈愤世酸腐，总觉老天为何独薄于己，高低之间，乃愈差愈大。我们看少时同负才情的两人，其后处境却有天渊之别，关键常就只在这生命气象的有无之上。

人如此，由人构成的历史更如此。一个时代能否有其气象，决定了这时代的成就，不从这入手，巨大的史料就变成永远的负担，别说寻章逐句可以累死多少人，即便有所梳理，也早就远离了那时代的精神，更无益于当下的生命。

可惜的是，多少年来，我们写人、论史，却早就忘却了这气象。

忘却气象，正因早已缺乏气象，而关键，就在宋代。

宋代有高度的文明成就原不待言，它是六朝隋唐以降胡化的终结者，这汉本土文化的复兴本非坏事，但可惜走过了头，走到绝对的夷夏之辨，周之后传入的东西乃尽归于须辟而废之的胡物。于是在宋，你就看到：

雅乐要回复先秦，却完全忽略了秦火之后，其原貌已难辨析，就一个黄钟音高为何，可以聚讼千年。

琴家说弹琴—有琵琶音，终生难入古矣！于是以幽微淡远为宗，最终，连扁舟五湖，一蓑江表，满头风雨，以心中之波涛映水云之翻腾，具现中国式交响的《潇湘水云》，在明代最著名的虞山派琴谱中也因其"音节繁复"而不录。

宋明理学援佛入儒，但骂起佛家，就像批杨墨："出家，无父也，沙门不敬王者，无君也。无父无君者，禽兽也"，这等骂法，何止粗陋，更已似泼妇无赖之流了。

也所以，日本人比对五代编的《旧唐书》与欧阳修主编的《新唐书》，乃发觉《旧唐书》中一千一百多笔的佛教资料在《新唐书》中竟就不见，毕竟，面对"无父无君"的佛教，这等删法还算客气的呢！

以此，尽管宋有高度的文化成就，但这成就却可看成在胡化下沉潜待发的奋力一击，一击之后，却就每下愈况了。

每下愈况是因没了气象，在此，严的何止是夷夏之辨，还是雅俗之辨、正邪之辨，这影响对后世既深且远，于是：

宋之后，标举生死事小，失节事大，人须严合礼教，由此，除了花灯、秧歌、民俗庆典外，中国人已不能随意舞动肢体，细腻的舞蹈只能在戏曲中寻，而能有这个出口，还因演员扮演的是别人。

中国的琵琶是历史中唯一能与琴相颉颃消长的乐器，在唐是横抱拨弹，至明已直抱手弹，还发展出相信是今曲《十面埋伏》前身的《楚汉》一曲，其器乐化已臻巅峰，这转变何其之大！更是胡乐中国化的最好例证，但四五百年间竟无相关的琵琶史料，只因琵琶不仅是胡乐，还是俗乐！

而也就因宋儒的辟佛，即便佛教传入中国已两千年，民间甚而"家家弥陀，户户观音"，谈起佛家，许多儒门中人到今天第一句也还是："佛教不是中国固有的宗教。"

这样的事例不胜枚举，而就因画起圈圈，自拟正朔，缺了那吞吐开阖的气象，所以，于书画，即便文人多所寄寓，不乏大家，但真能开阖者，也常须于逸于格外者寻；于陶瓷，宋虽显其底气，至元明却仅能但探幽微，到清，则几乎只余玩物丧志；于音乐，则宋之前固灰飞烟灭，宋后则雅俗严分，难出大气；于文学，则宋词、元曲、明之小品文，皆极尽美言，却都少见酣畅；于思想，则文人之生活，尽管多出入三家，台面却只能标举儒门，此儒门还愈不可亲，最后士子就只能完全匍匐于科举之下，学问也只能死于句中；而中国人不再舞动肢体，居敬最直接的结果竟就是逐渐僵化的身体与想法。

所以说，这气象的有无、盛衰，才是了解中国千年以降文化变迁、生命转折的关键，但要识得此，却必须跳开宋文化成就带给我们的惯性与迷思。换句话说，谈人论史，谈者的本身就非得具备那吞吐古今的气象不可。

而老实说，仁明的这本书是有这点气象的！

这气象，出现在谈儒的孔子九章上，孔子本身就具气象，他当过大官，门人三千，虽不致三教九流，但来处不一，情性各异，他周游列国，要面对每次的不可预期，有南子者还相中他，怎么说，他都不像后世供奉的那种人。

这气象，直击宋儒的可敬不可亲，但更回归了作为一个活生生的人，孔子及其弟子的可能样貌，使我们读来，竟觉如睹斯人，《论语》《史记·孔子世家》的每一章句，竟也变得如此可亲。

这些篇章量既不多，篇亦不长，但不只内容，文字的本身就体现了一种与孔门直通的气象，形式论辩几乎没有，娓娓道来却总神气十足，坦白说，能如此谈孔，谈得如此直接，如此不死于句下者，怕极难找！而谈的是儒，却及于其他，读史论学，仁明的文风，相应的正是中国人那具象直抒的风格。

就因这具象直抒，他谈宋儒的概念化，乃不致堕在概念里与之交锋；而也因此，在全书中，他屡次述及当代知识分子，包含一些诚恳博学，具反思，乃至力图实践者其学问及生命的局限时，也特别清朗易读。原来，虽从古老的中国走出，这些人却一样走入了那概念化，那不可亲，那只探生命幽微，却乏趣味、乏江湖、乏活泼乾坤的老路。

这样的书，从讲方法、谈概念的看来，既主观又没学问，但讲方法谈概念不正是当前学问最大的异化么!？谈禅之教学，我总喜欢举下面的应答：

> 东京天宁芙蓉道楷禅师，参投子，问："祖师言句如家常饭，离此之外，别有为人处么？"
> 子曰："汝道寰中天子敕，还假尧舜禹汤也无？"

的确，天子下敕，自说即为君命，何须假借权威，反观当代学界，言必谈出处，却从不问那原典如何产生，既为句下之徒，当然难以言那应缘而发的第一义。

而也正因祖师言句都从自己胸襟流出，所以即便盖天盖地，却总如寻常家饭般亲切。同样，真具气象者，其言尽管超乎惯性，笔下纵有王者之气，却因不假借权威，不寻章逐句，不拨弄概念，不执着形式，也总令人觉得可亲，寻常人乃可在此无隔，在此印证。而离了这亲切，不要说难直指那生命学问的大义，首先异化的也就是言说者本人。

原来，学问无它，惟在气象。你能以生命气象对历史气象，以气象之笔举气象之人，谈史论事，为学说艺，何须雄辩再三，何须部繁帙重，平常道来，就有一番自家风光。

素看《论语》

朱天文

如果把《论语》当成一部上乘的小说来看，如何？读完薛仁明《孔子随喜》，我感谢作者提供了这样一个视角，可以看小说一样地看《论语》。

视角一转换，仿佛取得通关密码般，突然间，都看懂了。那些原先缄默似石看来全部一个样的古人，突然间，你说我说，连语气、连举止、连性格、连身世背景、连他们的命运，一一清晰到像《红楼梦》里写出的百样人，每一个都难忘。

小时候看《红楼梦》，看剧情的只关心宝黛恋情。稍长后看热闹，挑爱看的章篇看，王熙凤办秦可卿丧事的那种场面调度，真好看。晴雯撕扇，病补孔雀裘。讲话大舌头的史湘云，喝醉了睡在芍药裀上。有人认同薛宝钗的世故明理，探春爽利有英气，鸳鸯好蕴藉大方。便是代表儒家坚固系统的贾政，在我们年过半百阅世堪多后，始能明白脂砚斋所批贾政之为人物，"有深意存焉"。李渝一篇文章《贾政不做梦》这么说，"是贾政，扶养宝钗母子；是贾政，携贾母和黛玉的灵柩归葬南乡；是他，送别了宝玉。只有贾政可以抚慰生者，安息逝者，让离者心安地离去。如果宝玉承尽了爱和哀，贾政担尽了事和责。"

没有贾府，不会有大观园之梦。没有贾政作为磐石的大观园，不会有宝黛晴雯这些逆叛之花开出墙外。贾政的存在，是要有点年纪之后才会注意得到吧。

薛仁明写孔子，众弟子里他跟孔子一样特别钟爱颜回，不说孔孟，只说孔颜，颜回也是他最企慕能够达到的人格状态。然而颜回，我很介意孔子曾说："回也，非助我者也。于吾言，无所不说。"年轻时候我们受教于胡兰成，跟妹妹朱天心不同，我对胡老师的一切言行诲喻，无所不悦。这在我，永远是受益的一方。但对胡老师一方，我于他其实是无所助益的。审视这点，我仍耿耿于怀。

把孔子写成小说，有日本小说家井上靖。我知道唐诺以前想写，从子贡的观点切入（听闻已经有人这么做，也出版了）。子贡是商人，与孔门最异质，又够聪明，不出手则已，《孔子家语》里记载他一出手而乱齐、存鲁、强晋、弱吴、霸越，俨然战国时代纵横家的先驱。孔子周游列国十四年，子贡随行半程。孔子死后，他庐墓三年，又三年。《史记》写最后一位见孔子的人是子贡，孔子负杖逍遥于门，看到子贡说："赐，汝来何其晚也？"接着的一段对话，极为动人。子贡若作为一名叙事者，也许更能看到差异，而揭开的面相因此会更多样，复杂和丰富。

三十余年前我第一次去日本，游浅草观音寺，胡老师指看寺坛上两柱字，谈起能乐的舞姿犹如此：

佛身圆满无背相，
十方来人皆对面。

这两句讲修行，修得人事物，照面即见，没有隔障。当然这两句也可以拿来说孔子的因材施教，一对一的，每人得了各自的那一份。《孔子随喜》，在当代，在两千五百年后，亦自是一份。

自序一〔**大陆简体版**〕

数十年来，大陆标举"工农兵"，正而名之，应该说：中国"民间"。而在台湾，更常谈论的，则是儒释道三家。儒释道与"民间"，本是传统的一体两面；合则两美，离则两伤。儒释道与"民间"，若能并举，相渗互透，同其俯仰，则中国传统定可重建，中国文明必能复苏。

"民间"的东西，一向行焉而不察；虽说不甚自觉，却有着强悍的延续力道。我是福建漳州长泰县山重村薛氏来台的第十二代，世居台南市南边一隅的渔村茄萣乡。三百多年来，岛内政权，几番更迭；但是，乡间古风，至今绵延。尤其我年幼时，台湾资本主义尚未深化，美式民主也还没大举入侵，因此，民间基本未受戕害；宗族邻里与四时祭仪，都依然完好；虽难免驳杂，但大体说来，其健康、其清朗、其深稳信实，都让人觉得，三千年前《诗经》里的清平世界、荡荡乾坤，至今仍一切历然，就在现前。

幼时这个根基，直到数十年后，我才真正明白，也才真正自觉。有此自觉，我再重读《论语》，遂发现，那一则又一则，与自己的生命，其实可以相映又相照。有此自觉，我才发现，孔子的言语馨欬，孔门的生命风光，原来那么近于我的邻里乡人；我才发现，孔子其实远于后代迂儒；我也才发现，孔子更远于现在大谈哲学的那班学院新儒家。孔子扎扎实实植根于生活，无浮辞，不空谈，因此健康，因此清朗。上回我在台北演讲，谈孔子，会后有位台大政治学的博士生前来致意，言道，在研究所里头，有几个永远说不清的问题，薛老师怎么有办法用简单几句话，就说得大家都清楚明白了呢？我笑着说，因为我比较没有学问呀！

认真说来，其实，那是得力于我幼时的根基，得力于深稳信实的台湾民间。民间务实，论事不可能曲折反复，更不可能虚耗光阴于抽象思辨。遇事如果长篇大论，如果谈到对方听不懂，那么，谁理你呀?! 真有能耐，就得言简意赅，就得直指核心。于是我读《论语》，佩服呀！老先生言语精炼，没废话；精准之处，简直一击必杀。更厉害的是，他许多话，近于诗，有余韵，耐嚼。嚼着嚼着，仿佛明白了些什么，人也清爽了起来；读罢，走到外头，一望，哎呀！好天气呢！

这就是孔子。

因为历史的幸运，早些年台湾与中华传统的断裂，并不明显。传统，对我而言，既是过往，更是当下；孔子，既是历史人物，更有着极鲜明的当代意义。他可以对应我们自家生命，也可以对应这个时代。我这本书，既非孔子思想之研究，亦非客观文献之耙网。我有我做学问的方式。读此书，大可同我一般，心知其意，不求甚解；但觉孔子宛如现前，但觉孔子与这时代同其呼吸；然后，与孔子一块不忘其忧、不改其乐；再与孔子一路走来，知晓那沿途有吟吟笑语，有景致依旧。一如《诗经》里的风日洒然，一如孔门师徒的风乎舞雩，一如台湾民间的深稳信实。这景致，正是我最大的想望。于是，我写孔子，也不过是深受其益，知其佳胜，故说来给有缘之人听听。

自序二〔台湾繁体版〕

　　现今两岸的学院体系，都根据西方的知识架构而成。这体系，当然是有其价值；但若谈中国的生命学问，却不相宜。三十几年前，我怀着对中国文明的孺慕之情，进了台大历史系。四年后，塞了满脑袋的理论与名词，却仍一身狼藉；对真正的中国文化，也实在迷茫。早些年去世的孟东篱，在六十年前，也怀着同样的满身困惑，来到台大哲学系。他上下求索，大惑难解，但听了课，读了书，却依然无解。忧郁的他，只能在台大校园内，成日晃荡徘徊。在精神上，他无家可归。

　　学院里，有多少精神的无家可归者？

　　我和孟东篱，其实，都跑错地方了。

　　学院着力于抽象思辨，讲究客观论述；但是，中国生命的学问，却从来就紧扣着体会与实践，务求当下之对应。在这个系统里，做不到的，就别说；若说了一堆，却与生命无涉，那叫戏论。孔子之所以不做系统论述，就是为了永绝戏论。《论语》之所以迷人，也正因那里头的生命对应，处处鲜活。

强调对应，就必须应缘，也必须随缘，否则，说得再有理，终是自说自话。若不应缘，再对，都会变成错；再对，都会变成偏执，都会变成一桩桩的教条。于是，孔子不做系统论述，孔子因材施教；所以，孔氏一门的师生问答，最是千变万化，丰姿纷呈。

强调生命对应，必然当下即是，因此，中国文化强调人间性。于是，彼世之憧憬，天堂之向往，中国人向来不太当真。而注重人间性，必然就伴随着喜气；若无喜气，人间何欢？若无可欢，何须看重？于是，这个喜气的民族，即使现实再苦，也惦记着那不苦之处，也想法子要苦中作乐。孔子周游列国，外表历尽沧桑，吃尽苦头，但其实，他老人家心里可乐着呢！《论语》一开头，就是"不亦说乎"，又是"不亦乐乎"，全世界没有哪个文明的根本典籍是这么开篇的！

这么一个喜气的民族，不习惯老苦着脸。因此，早先佛教传入中国，佛菩萨的造像，多有严肃，颇为忧苦，迨数百年"中国化"之后，遂一尊尊变成了一脸宽厚，满是笑意。

这就是中国文化。

佛教中国化之后，常说"随喜"二字。"随喜"者，随缘欢喜也。中国人强调应缘，爱说随缘；喜欢随和，讨厌偏执。中国人随随便便、马马虎虎，这看似的缺点，却可能是大气；那往往是孔子说的，"无可无不可"。因为"无可无不可"，所以不易执着，无甚基本教义派；因为"无可无不可"，凡事看得开，所以能一次次度灾解厄；即使再大的劫难，也能"山重水复疑无路，柳暗花明又一村"。

眼下这个时代，病重疴沉；种种的造作营为，其实已将这个世界又推往一个空前之劫难。《孔子随喜》，谈的是两千五百年前的孔门话语；对应的，则是这个时代。《论语》是既往，更是当下。孔子当年，面对他的时代，如实对应，又随缘欢喜，于是，劫难终成过去，而后，遂有堂堂的汉家岁月。那么，我们呢？

自序三〔中华书局增订版〕

2011年春天,《孔子随喜》面世,北京新星出版社印行。这也是我在大陆出版的第一本书。责任编辑饶佳荣,未必预见到此书的出版成了日后我在大陆诸多难以逆料的机缘中的最早源头,但是,我仍须对他致上深深一谢!

来年秋天,《人间随喜》由立品图书出版。阎亮是责任编辑,为了此书,偕美编高雪特地飞了一趟台湾。她说,得亲眼看见薛老师的生活状态,否则,这书她编不出来。

多年后,我仍然偏爱此书。《人间随喜》是本文集,搜罗那时我在两岸媒体发表的诸多文章。文章面向较广,其中一部分是《孔子随喜》出版之后接续着谈孔子。而今,这些谈孔子的文章都编进了中华书局此次的增订新版。

忘了2011年春天之后又过了多久，有家韩国的公司接洽出版《孔子随喜》，韩文版的合同签了，版税也付了，可书却没出成。原因为何，至今未明。但当初签合同时，我就纳闷着两件事：一，《孔子随喜》的文风翻译成韩文会是啥样子？二，韩国人深受宋明理学影响，接受得了书里头的那种气息吗？

《孔子随喜》不谈哲学、不谈思想，和近代学者以及宋明理学所说的孔子都相距较远。出版十余年来，蒙读者不弃，销路一直还行。读者喜欢的，可能就是书里的文风与后头的那种气息吧！我佩服孔子的生命气象，更喜欢他生活的气息。我总觉得近代学者以及宋明理学所说的孔子都有点像大棚里的蔬菜，似乎，都少了那股"气"。

这些年来，暑假我都带着学生到云南建水游学。建水文庙格局正、气象大，入口牌坊有雍正年间知府栗尔璋的题字。进了牌坊，有片学海开阔而亮堂，几年前，都还种满了荷花。蓝天下、清风中，荷花盎然生气，也寓意一团和气，这都与栗尔璋所题的"太和元气"格外匹配孔子的真气。孔子的真气难写，只不知，《孔子随喜》能否写得出其中一二？

癸卯年（2023）大暑，薛仁明记于云南建水

第一卷

风乎舞雩
——孔子与诗

过了钱塘江，来到杭州城。初抵杭州，已然三月下旬，是仲春，旧历二月，但仍春寒料峭，有风有雨天又寒；而西湖畔，早已色彩斑斓，樱红樱白柳新绿，桃花还迟。白堤边断桥处，游人依然如织；另一处，更熙熙攘攘，那是苏堤。

苏堤入口，合该有个东坡塑像。料峭春风里，东坡这塑像，脸带沧桑，若要回首，向来也多有萧瑟处吧！但这晌，他没回首，而是高高望着、远远眺着，怡然穆然，在风中，衣衫袖袂飘飘扬起，眼前的斜风细雨，眼前的烟波湖山，都只该是，一蓑烟雨任平生。

苏轼之前，又千五百年，同样是个春天，但春深了，已然三月暮春，那春服亦已备妥，他偕同了冠者五六人，另有童子六七人，大伙儿浴乎沂，风乎舞雩，一路歌咏而归。

这人是曾点。风乎舞雩，这是曾点言志。那回，孔子与门人闲坐，顺口问了一问各人的怀抱，子路、冉有都好认真地答以治国之事，而公西华则实诚谦逊，回以有志于礼；唯独这个曾点，老师与同学答问着，他是也听、也不听，径自鼓着瑟，真轮到他回话，说得又不甚切题，作为孔门弟子，既无涉家国天下，亦无关礼乐文章；他似乎胸无大志，心之所向，不过就是，捡个眼亮风凉之处，吹吹哨子，呼啸一番，再来便是，吟吟唱唱，回家途中，一路有歌声。

曾点这人散淡，但他的歌声真是清亮。向来，孔子总含笑听着世人说话，听着听着，他是多所称许，亦从不轻许；而这回，一如往常，他笑看门人各抒己怀，亦是有许，也有不许，独独听罢曾点所言，他感慨既深，喟然叹曰："吾与点也！"

正如西湖的桃红柳绿轻拂了那摇漾春风，兴许是，曾点这清亮的歌声，抑或是，风乎舞雩那无限的光景，触动了孔子的心弦。这触动，似乎颇深，故而孔子从心魂幽深之处，缓缓升起了这么一个叹息。是啊，"吾与点也"，还就罢了，为何还要"喟然叹曰"呢？于是，听闻这叹息，我们似乎有了迟疑：大家"熟识"的孔子，究竟何许人也？我们对之，真的那么"熟识"吗？

栖栖遑遑，当然，孔子是个淑世者；此外，他是行者，是学问者，是个谛观生命者；然而，莫忘了，孔子还是个诗人。说他是诗人，不因他授诗、论诗，也不因他总劝人读诗，而是因为，他最具备了诗人的两个特质，一是"感而遂通"（凡诗人必善感，但善感，则易耽溺；故而，好的诗人不在于仅仅善感，而在于既能善"感"，又能善"通"，"通"者，通达于人，通透于己）；二是，更要紧的，一个"兴"字（有个"兴"字，更可济诗人容易耽溺之弊）。

何谓诗？言语寥寥、光景无限，言虽有尽、意却无穷。而兴呢？无中生有，将始未始；才起了未必相干的头，却已意思满满；才灰头土脸、丧气了一会儿，随即又好了，眼前仿佛又形势一片大好。有了这个"兴"字，人能绝地逢生；有了这个"兴"字，就如前人所说的，"生死之边沿甚宽，足容游嬉耳"。正因如此，这诗人所以会在匡地受围之时，"弹剑而歌"；会在被喻"丧家犬"之际，听闻了都好开心；会在绝粮多日，还不忘寻寻颜回开心。复因如此，这人时时都有个天地之始；于是，孔子的一生，每每都是，山重水复疑无路，柳暗花明又一村。

中唐之后，禅宗大盛，禅子憧憧往来于南方的江湖之间，行走江湖，遂成通例；唐代之前，不说江湖，说风尘，北方之风多沙尘。孔子是北方汉子，若说他行走江湖，其实是说他仆仆风尘，华北大地上，尘满面、鬓如霜哪！周游列国十余年，行来走去，一路尽是黄土之地，春天若是西北吹来，尤其漫天风尘。风尘中，孔子眯着眼，六十好几了，"六十而耳顺"，什么是"耳顺"？眼、耳、鼻、舌、身，尽管老了，偶尔，声音可能也听糊了，但声音后头的心意，却完全是，历历分明；虽然，外在的耳聪目明不再，但个中的感知，却是通顺畅达了。年纪越长，他越是含笑听着世人说话，"感而遂通"，不管真话假话正言反言法语巽语，但凡听了一听，毫无阻隔，也就心知其意了。于是，虽然他一肚皮的不合时宜，生命之境也逐渐迈向孤峰顶上，但是，"上与星辰近，下与世间亲"，孤寒之际，孔子之于世人，却是日益听得清、看得明，不论贵贱妍媸、贤愚不肖，对之俱有好意；他对世间诸人，有敬，有亲。

　　因此，楚人接舆狂歌笑孔丘，这仲尼还是想和他聊上一聊；又尽管互乡之人难与言，门人也颇感迟疑，孔子仍与互乡童子谈了一谈；又公山弗扰、佛肸，俱是争议之人，但他们召孔子，孔子也兴致盎然，随即拔身欲往；同样地，更广为人知的，尽管那南子声名狼藉，子路气得跳脚，孔子事先也辞谢了，但真不得已，真要与这卫国"寡小君"见上一见，其实也无妨，"孔子入门，北面稽首；夫人自帷中再拜，环佩玉声璆然。"

"子见南子"，这种事不会发生在道学家身上；"环佩玉声璆然"，道学家也只会觉得是种邪淫。道学家是非严明，长于说理，擅于思考，但是，他们缺乏诗情。"风乎舞雩"，因有孔子的背书，他们不好否认，但连这份诗情，程朱诸儒依然可以扯到他们真正关心的天理人欲。事实上，幸亏有孔子的称许在先，否则，王阳明早说了，曾点这种漫不经心模样，若遇着程颐这种老师，准是难逃一番呵斥的。程朱之后，道学家成为儒家正宗，朱熹的牌位，早已配祀大成殿；政治力的推波助澜下，他们也取得了孔子的诠释权，他们不仅力辟佛老，还可判划何为纯儒、孰为真儒？于是，几百年来，我们透过道学家的眼睛，去勾勒那风尘迷蒙的孔子，但，那真的是孔子吗？

道学家有可有不可，判划明晰，一丝不苟；他们岩岩高危，道貌岸然，礼教在他们手里，虽建构了人间的秩序，却也成了世人一道道阻隔的高墙。孔子不然，他无可无不可；也正因他的无可无不可，尽管自己心中了然，别人却未必懂得，于是，孔子总被门人质疑，总被时人取笑，还被诽谤、追杀、围攻，有时狼狈，有时负气（"道不行，乘桴浮于海"），有时似乎动摇，有时还看起来笨笨的。但这样的孔子，使人敬，亦使人亲。

孔子但凡言礼，必与乐并举；他庭训伯鱼，也是先言诗，然后言礼。诗通于乐，讲一个"感"字，再讲一个"兴"字。正因如此诗乐之人，因此，孔子陈蔡绝粮，弦歌不辍，匡地被围，弹剑而歌；称许曾点，风乎舞雩，歌咏而归；孔子这生中，一路有歌声。孔子当然重礼，也期盼人间秩序的重建，但因他诗礼并举，甚至诗先于礼，使得他的世界，没有道学家与世人那一道道阻隔的高墙。相反地，他与世人同其呼吸，彼此有调笑；他爱听别人说话，别人也爱听他讲讲话；时人会笑他，也会心疼他。

这像苏轼。东坡生前老被佛印取笑，死后儒者对他也多有非议，但他最得一个"兴"字；贬了半辈子官，却像是沿路郊游，东瞧西看，到处好玩。天地山川、雨雪风霜，都在东坡的诗情中，同其俯仰；他与世人有礼敬，但又最亲，那天车上听导游沿途介绍，言必称，"我们杭州市长苏东坡大人"，真让人觉得，不仅西湖，不仅杭州，其实整个中国文明，都有着苏东坡的风景。儒者志在天下，就该学学东坡，让这悠悠人世，有感，有兴，有风光。较诸程朱，东坡其实更近于孔子，也更有孔子的真精神；东坡生前死后，令人怀想不尽，而孔子的礼乐志业，一如那暮春的舞雩，也原该是这般风景无限的。

弹剑而歌

——孔子与江湖

早些年有出大陆剧，名曰《走向共和》；来台播映之后，易名为《满清末代王朝》。此剧并非等闲，编导诸君子，皆有心之人，穆然深思，怡然高望，其志远矣，盖有孔子春秋之志欤？播出之后，果不其然，惊动了四方，后来还交付了国务院清史小组专案审查；其对清末民初这段历史之观照，令人一新耳目，不同凡响，故而，不免引来风波喧腾，当然，也不乏政治关切。

海峡的这岸，政治力之影响，也不遑多让；只不过，就干扰而言，大陆是显，台湾是隐。彼时的台湾，正如火如荼忙着"去中国化"，于是，该剧与当时"本土化"之炽热氛围，实不相宜，故而反应甚是冷淡；只记得尹丽川在台湾写专栏时，曾经推介过。而我，是稍早偶然一回，不经意瞅了电视，一看，那不是康有为吗？定睛一看，乖乖，这康有为，真是像极了，像还不打紧，更厉害的，是他演出了历史的纵深；我细细看了荧幕上这人，飞扬跋扈，一派生气，啧啧！

隔阵子，我又瞅了一集，这回，就完全清楚这出戏的分量了。这集的主角，更有生气，是孙文。剧中的孙文，有江湖之气，像鱼儿会活蹦乱跳；忧患深沉，然不时跌宕自喜；平日认真，却时不时满口大话，同志给他的封号是："孙大炮"。孙文一脸严肃，但又最会调笑；他这辈子，每每走到极狼狈不堪，连自己看了，禁不住也笑了起来，都觉得好好玩；孙文是，不忘其忧，不改其乐。

这像孔子。孙文的活泼大气，通于古来那许多王者，但更似孔子。盖因王者多有不读书，然孙文读书极多；孔子在世，即以博学闻名当代，后来司马迁写《史记》，还特别着墨于孔子之博物。读书当然不是坏事，但也未必就是好事；是好是坏，还得看你如何面对知识？看你是否不受学问所缚？孙、孔二人，因为活泼大气，不沾不滞，于是，即便读书甚丰，亦丝毫不见其蔽，反倒是，多多益善。

这活泼大气，是真正的关键。因为活泼大气，才可忧患深沉而不失跌宕自喜。明白了这点，我们便能摆脱后世儒者与政治权威合力建构的圣人形象，重新与孔子素面相见。历来主流儒者，其功不可尽搉，然其有一过，着实流弊深远：他们身上无有此等鲜活，却又要遮蔽孔子的这份生气盎然。譬如说，较诸《论语》，《史记》其实更能掌握孔子的鲜活大气（因为司马迁这人，本来就比子夏、有子这些孔子晚期弟子要大气许多），司马迁"读孔氏书，想见其人"，亲赴鲁地，徘徊仲尼门庭许久而不能去，之后殚精竭虑，写成"孔子世家"，既庄严肃穆，又摇曳生姿。然而，这一卷《史记》，素来不为儒者所重，甚且理学大盛之后，还屡遭质疑。因为，此卷涉及孔子杀伐决断之事、跌宕自喜之情，实实不符儒者心中之"圣人形象"。对此不符，他们要不回而避之，要不淡而化之，要不起而攻之；于是，后有纯儒，便动辄訾议，"孔子不当有此言"、"孔子不宜有此言，删之可也"，如此云云，不一而足。

也真该感激那五四诸君子，正因他们的有朝气，又因他们的好相貌（且看看胡适、鲁迅的长相），于是，他们喊出了"打倒孔家店"，这声音可真清亮，让多少人喜而不寐，又让多少年轻人为之歆动。五四群贤之贡献，就在于廓清那道学酸腐味以及纯儒排他性，让中国文明重获新鲜,再现活气。他们虽然未竟全功,但至今仍令人思之不尽。有了五四,我们得以重新看见孔子。

孔子有江湖之气,这与他的温良恭俭让,半点无有冲突;两者并观,互为一体,更显其大。江湖,有活气,水是通的,故孔子与各色人等,多有探问,皆可闻风相悦。江湖,有活气,凡事新鲜,皆有兴味。孔子的凡事有兴味,连"鄙事"亦不例外,故他自言,"吾少也贱,故多能鄙事",这貌似他老人家说话客气,其实也是他掩不住的一份得意。不只年少,孔子及至年长,入了太庙,依然每事问。除了人事,孔子且连万物,亦兴味盎然,因此,他最博物,他还劝门人多读诗,"小子!何莫学乎诗?"因为,"诗,可以兴",而且,可"多识于鸟、兽、草、木之名"。

孔子的江湖,还让我想起诗人杨泽曾有妙语,他道,有了江湖道义,哪里还需要什么社会主义?社会主义其实就是要具现江湖道义。信然也。孔子曾说过,"老者安之,朋友信之,少者怀之。"这话与什么主义都无关,澹澹泊泊,卑之无甚高论,讲白了,不过就是,江湖道义有了真着落。说来可惜,五四之后,好不容易稍稍摆脱了道学之陈腐,却又纷纷误入了各种主义之纠结。从此,天不清、地不宁,人世不得静好;这无非是因,主义泛滥，道义荡然，江湖寥落。

说江湖，纯儒必定不以为然的。但是，孔子若无江湖之气，若无吞吐三江五湖之心量，那么，门人三千，大弟子七十二，狂者狷者斐然成章者，该如何尽纳门庭？别人且不说，单单子路这种曾经"陵暴孔子"之门徒，就不知如何收拾得了？也不知，要如何让子路从"冠雄鸡、佩豭豚"，摇身一变全身儒服儒冠，甚且临难都还坚持结缨而死？更不知，要如何让此"性鄙、好勇力、志伉直"者，一入门下，竟成最大护法？"自吾得由，恶言不闻于耳"，只要子路这带刀侍卫贴身在侧，不管多么轻慢之徒，孰人还敢再对孔子口出恶言呢？

认真说来，孔子也真称得上老江湖。年纪一大把，周游列国十余载，孔子岂不知，其身处之时代，与他高悬的三代治世，与他憧憬的礼乐风景，其实并不兼容；而那样的时代，和他这样的坚持，两相对照，再怎么看，都不搭调。那么，向晚之年，这般栖栖遑遑，又所为何来？说白了，如此知其不可而为之，也就是尽一尽江湖道义罢了！这一路江湖走来，阅人多矣，何等世面没见过？何种场面没遇着？见多遇多了，千帆过尽，一切也就云淡风清，人自然便清清朗朗。正因这样的清朗，孔子不可能像屈原那样途穷道阻终至无路，也不可能像贾谊那般忧谗畏讥郁愤难解，更不可能像后代文人叹老卑穷一身酸气。是的，孔子其道不行，有志难伸，他当然会感慨，会伤麟嗟凤，但是，他不忘其忧，不改其乐；他历尽困厄，却自述"发愤忘食，乐以忘忧，不知老之将至"。听那口气，清朗通透，且还有着几分得意呢！这样的跌宕自喜，于是乎，再如何困顿忧伤，只消隔一会，也就好了，随即他又意兴扬扬、又兴高采烈起来了。

孙文就是这种人。孙文革命了大半辈子，每每走到山穷水尽，并非不会动摇，亦非不曾彷徨；彼时，同志都丧气了，都认定国事不可为了，这"孙大炮"偶尔也会犯傻，一时怔住；但也就才那么一晌，他忽又全好了，元气满满，又开始滔滔不绝，仿佛形势一片大好。

江湖风波险。孔子十几年的行走列国，至少四次面临生死关头，命悬一线。头一回匡地受围。第二回桓魋追杀，弟子催他"可以速矣"，孔子则自壮胆气地说道："天生德于予，桓魋其如予何？"逃到郑国，与门人失散；后来路人述他形状"累累若丧家之狗"，孔子听闻，笑了起来。第三回遇难于蒲，蒲人要挟孔子不可前往卫国，双方订盟，蒲人才放孔子一行；结果，一出蒲地东门，孔子便头也不回地直奔卫国而去。最后一次，就是那回绝粮于陈，众弟子信心溃散，士气涣然，唯有颜回不动如山，其静似水，一边劝慰，一边辨析，孔子听了开心，欣然笑曰，"使尔多财，吾为尔宰。"

后面的三次灾厄，《史记》都明白交代了后续的发展，很清楚；唯独头一次的受困于匡，究竟孔子如何化解，读了半天，仍觉得语焉不详。《孔子家语》倒有个讲法，最可见孔子江湖之气，亦符合"兴于诗"这样的诗情，该书言道，"子路弹剑而歌，孔子和之，曲三终，匡人解围。"如此死生之际，他们师徒弹剑而歌，一唱一和，论气魄，论诗情，都让千载后人欣然向往，也让我们更能豁然，昔日孔子门庭是如何水深浪阔，又如何气象万千。

湛然似水
——孔子与颜渊

历史上，不容易找到太多例子，似颜回这般，尽管事迹寥寥，名气却如此响亮；也很难再看到有其他人，像颜回那样，绵延两千多年，声誉煊赫，却几乎就是让他老师一口给称赞出来的。

孔子赞叹颜回，遍及整本《论语》，简直不厌其详，反复再三，甚至他对子贡说了一句，"吾与汝弗如也"，还让后代为了到底是谁比不上颜回，争论不断。说来好笑，这些争论，与颜回可是半点不相干的。颜回自是颜回。

颜回安然自在，湛然似水。

颜回有静气。孔子说，"仁者静"，这很适合拿来说他；又王维有《鸟鸣涧》，诗云，"人闲桂花落，夜静春山空；月出惊山鸟，时鸣春涧中。"也可借来一窥颜回心头的风景。颜回的静，不是不动，而是不躁；颜回的静，亦非沉空守寂，而是"寂而照，照而寂"；他如如不动，故能映现万物，所以子贡"闻一知二"，他则"闻一知十"；颜回的静，特显澄澈，心里极透明，他自期的是，"无伐善，无施劳"，再了不起的事，过了也就过了，如镜花，如水月，如风流云散。颜回这自期，显然不只嘴巴说说，他是做得到的。因此，孔子在他死后多日，仍一心耿耿，怅然这"好学"的颜回"不幸短命死矣"；之所以称许颜回"好学"，是因他"不迁怒，不贰过"，怒气也好，过错也罢，过了也真的就是过去了，时时皆可归零。常人都会有迁怒、有贰过，因为我们会拖泥带水，会被情绪习气诸多的惯性给牵累。颜回没这惯性，故他一身静气，湛然似水。

稍早之时，孔子尽管谦恭有礼，但有些地方，仍不经意会流露出过度的才华洋溢；那回，孔子问礼于老子，老子一眼看出此人绝非寻常，固然爱惜不尽，但仍是带着善意却不无批评地提醒孔子，要他留意自身的"聪明深察""博辩广大"可能之弊；盖棱角之外露，虽说未必全然不好，但于天命之会得，多少是犹有憾焉。这真是智者谆谆之言，然听者却半点不敢藐藐，孔子应该是一直谨记在心、不敢或忘的。因此，在多年之后，看到颜回这小他三十岁的年轻人，如此静默、如此含藏，潜行密用、如愚如鲁，他才会既高兴又带几分戏谑地言道，"吾与回言终日，不违，如愚。退而省其私，亦足以发，回也不愚。"孔子清楚，这不违如愚，不简单哪！

孔子更高兴的，还另有一回。那回，孔子挺惨，在陈、蔡之间绝了粮，团团被围于荒野之地，"从者病，莫能兴"，孔子力持镇定，"讲诵弦歌不衰"，子路则极不满，气道，"君子亦有穷乎？"您不是个君子吗？君子也会走投无路吗？孔子见众弟子信心动摇、士气低落，遂分头约见了三大弟子，半开导、半自嘲地言道，我们既非老虎，亦非野牛，怎么会沦落到在这旷野之地了呢？"吾道非耶？吾何为于此？"问问自己，也问问弟子。

有别于子路、子贡，那颜渊既不愠亦不火，从从容容，言道，"夫子之道至大，故天下莫能容。虽然夫子推而行之，不容，何病？不容，然后见君子。"人家容不下你，那又如何？不正因如此，才更彰显出您是个君子吗？这当然不是阿Q，但像是回头劝慰他老师，"夫道之不修，是吾丑也；夫道既已大，修而不用，是有国者之丑。"说到这，已不只是劝慰，更多是事理说个明白，桥归桥、路归路，没什么好动摇彷徨的！于是最后，他又强调了一次，"不容，何病？不容，然后见君子。"孔子听了很开心，在此生死交关，看着眼前静定安然的年轻人，他有一份欣喜，也有一丝丝讶然，所以竟也忍不住调笑着说，"使尔多财，吾为尔宰。"颜回啊！改日你发了大财，我来当你的总管吧！要不，你开家公司当董事长，我就来做做你的总经理吧！

这故事非常动人，甚至震慑人心；别忘了，此刻是命悬一线呢！值此之际，孔颜师徒二人，徒儿安然自在，老师则笑语吟吟；眼前虽是危难，但都还有余裕，可资游嬉；真是不忘其忧，不改其乐！这正是孔门之所以兴旺，之所以鱼龙满蓄。然而，这游戏三昧，在后来儒者身上，几乎已杳不可得，连带着，他们反倒质疑起这故事之真伪了！他们自己无趣，还就罢了，却非得要把孔子也涂抹得跟他们一样无趣才行！人一无趣，哪来的元气？儒者从此，也真是"士"气不扬了。后来，"士"气之扬扬，元气之满满，唯见于那王者：被萧何取笑"固多大言，少成事"的刘邦，项羽和他相持不下，连连叫阵，甚至要和他挑身独战，决一雌雄，刘邦只笑道，"吾宁斗智，不能斗力"，要单挑？嘿嘿！我哪是您的对手？前回，项羽也被逼急了，不惜烹刘太公以要挟，刘邦不疾不徐，唯是笑道，分我一杯羹吧！四百年后，又有曹孟德者，赤壁之战，他横槊赋诗、临阵安闲，其安然自在，有似颜回；而百万大军灰飞烟灭后，北逃中原，直至华容道那一路上三次呵呵大笑，则最有曹操的跌宕自喜，这通于孔子。

"使尔多财，吾为尔宰。"这段孔颜对话，也着实妩媚，最可见孔门师徒间的闻风相悦；当然，这相悦里头，另有着几分调皮，显然的，孔子是在"涮"(闽南话则说"亏")颜回他这爱徒，因为大家都知道，颜回其实穷得很。孔门里头，另有个原宪，他也穷，但原宪穷得有些太正气凛然；那回，一身荣华的子贡高调地去见他，才有那么些嫌他贫穷之意，原宪便全副武装，字字铿锵，硬是把这聪明绝顶的子贡给教训得惭愧终身。颜回不然，他穷，穷得安详自在，不酸，不愠，不火，也毋需防卫。他穷，穷得人我两忘；他穷，又穷得天地之间只此一人。王维有一诗，正好可说颜回此境，"木末芙蓉花，山中发红萼；涧户寂无人，纷纷开且落。"颜回既似芙蓉，又如幽兰；后世有古琴曲"幽兰"，写个"寂"字，是说孔子，但于颜回，实也相宜；他们师徒俩，这点是毫无间然的，故可以有调笑。

颜回的穷，有着他一生的修行(这修行，通于孔子常挂在嘴边的"好学")，孔子不也说了，"一箪食，一瓢饮，在陋巷，人不堪其忧，回也不改其乐。"颜回那一食一饮，纵再简陋，实入于其中之三昧，他是修到了其心与眼前的食菽饮水相亲相冥，当下无别；如是无别，则万物历然，风景无限。而这风景无限，又可直接让人联想到晚年的弘一。青年弘一，极尽璀璨，而后，幡然转身，繁华落尽，皈依那极严极正之律宗；夏丏尊写弘一出家后，那吃食之极俭而又极庄严，真是于一米粒中成就了一切米粒世界；弘一的生活，旁人观之，当然是刻苦不堪，但其中之安然，个中之滋味，则只是他那遗偈所言，"华枝春满，天心月圆。"

颜回家中贫穷，缺乏食养，复以年少忧患极深，于是年二十九，发尽白。这现实之困厄、生命之忧患，到头来，都化成了他在孔门中最风姿卓异的安详与自在；到头来，也都化成了他风景无限之悦乐且有调笑。他满头白发，一身清澈；他再多的忧患，却终不见半点伤痕，他没有业。颜回的一生，孔子是他最尊敬的老师，也是最爱悦他的知己。颜回死了，孔子恸哭；颜回死后，孔子人前人后不断要说他，仿佛担心大家会忘掉他这个最得意的门生似的；而后，孔子每登高望水，他总想起这不动如山、湛然似水，他有个学生，名唤颜渊。

孔子的"大过"

——老子告诫了孔子什么？

《论语》里头，孔子曾自述："加我数年，五十以学《易》，可以无大过矣"，前两句怎解，历代争讼不已，向无定论。我读书不求甚解，对此争论，一方面觉得头大，二方面也觉得无味。可虽如此，我对此章末句，却是深感兴趣。简言之，我很好奇，孔子到底有啥"大过"？

鲁定公九年，五十出头的孔子，先是担任中都（鲁邑名）宰，政绩卓著，才一年，"四方皆则之"，不多久，升鲁司空，再升大司寇。定公十四年，孔子以大司寇行摄相事，与闻国政，数月之后，就将鲁国治理到路不拾遗、商贾不报虚价。就在孔子风生水起之际，"不知怎地"，一下子却从政治的高峰摔落下来，踉跄去职，黯然离鲁，从此，展开他漫漫十余年的周游列国生涯。这显然是孔子毕生极紧要、甚至也最紧要的一个大转折，但是，这也是他毕生最重要的一桩"大过"吗？

在那当下，孔子恐怕没太多的自觉。刚离鲁时，他更像是个失意的政治流亡者。但凡失意者，难免会愤懑、会不平；孔子虽说不至于此，但怅然的他，仍多有嗟叹。那天，离开了曲阜，夜宿"屯"地，鲁国的师己送行，不平地对孔子言道：先生，您是没有过错的呀！（"夫子则非罪！"）孔子惨然一笑，"吾歌，可乎？"（我用唱的，行吗？）于是唱道，"彼妇之口，可以出走；彼妇之谒，可以死败"（妇人的口舌，可以离间君臣，使贤臣出走，使国家败亡），最后，又不无自嘲、故作轻松地唱了两句，"优哉游哉，维以卒岁！"（我就逍遥散荡，凑和地打发日子吧！）

师己回到曲阜，据实将孔子的话转告给鲁国第一权臣、也是使孔子离鲁的关键人物季桓子，季桓子听罢，喟然叹曰："夫子罪我，以群婢故也夫！"季桓子听得出来，孔子说的是群婢，矛头当然是指向他；此番说辞，不过是孔子的婉转罢了！真正的问题，又哪里是因为那群美女呢？

外表看来，这事是导因于孔子大展长才之后，引起齐君戒惧，担心鲁国一旦强大，将成齐国威胁，于是送美女八十人、宝马三十驷，刻意拉拢，借以分化。这时，季桓子看了又看、想了再想，最后决定请鲁定公接受齐国这番"心意"，遂偕同一道"往观终日，怠于政事"。这时，子路沉不住气，首先对孔子言道，"夫子可以行矣"；孔子则犹抱一丝希望，想再缓缓；就看看鲁君大祭之后，是否将该给大夫的祭肉援例送达。结果，孔子失望了。

这时，孔子心中百味杂陈，离鲁的路上，不免要感慨时运不济、受困于"主昏臣佞"之局！可能得反复琢磨了一阵子，才意识到事情没那么简单。季桓子的"往观终日，怠于政事"，显然只是一个政治动作，装昏庸、当佞人，其真正目的，也就是要"撵"孔子走；季桓子不过是在齐国示好之际，趁势与齐国唱唱双簧、"里应外合"罢了！这一切，其实都冰冻三尺、非一日之寒；季桓子与齐国对他的戒惧，慢慢想来，也似乎都有迹可循。只是当时他身在局中，又那么意气风发，对于形势之变化，对于整个局面的相互影响，凭良心说：失察了！

这失察，可能还只是他"大过"的其中一环。就说齐国的问题吧！最早，作为一个小国，鲁国长期事晋，后来叛了晋，改事齐，遂有齐、鲁两国的夹谷相会。说是相会，其实两国有着从属关系，本来就不对等，因此，夹谷会上齐君并不把鲁君太放眼里，也不觉得有必要弄得过于严肃，于是，先是演奏了热闹喧哗的夷狄之乐，（否则，正式的雅乐多难听呀！）接着，又让倡优侏儒为戏。（反正，就是娱乐娱乐、好玩嘛！）结果，齐国这种近乎戏谑的安排，当下恼火了陪同鲁君与会的孔子。孔子觉得齐君无礼之至，简直就是羞辱鲁国；在诸侯会同的场合里，怎可如此轻佻，是可忍、孰不可忍?! 于是便极严正、极鲜烈地提出抗议，甚至要求将倡优侏儒以"荧惑诸侯"之罪名，付诸正法。

不管于情于理，这整桩事，本来齐君就站不住脚，再加上孔子的气势如此慑人，因此，齐国不仅赔了罪，甚至还归还了早先侵鲁之地。这当然是鲁国外交的一大胜利，也是孔子事功的一大成就。然而，《易》讲阴阳、讲变化，说的是祸福相倚。以鲁国对齐国的从属关系，本身又缺乏客观上的实力，一下子获致外交形式的对等与实质的胜利，长久看来，究竟是福是祸？孔子这样的成就，固然也让他名震齐国，但如此盛名，究竟又是祥或不祥？夹谷之会孔子做得如此之好、如此之对，但问题的核心，恰恰就在于做得太好、做得太对。太好，因此不留余地；太对，因此锋芒毕露。正因不留余地、锋芒毕露，才会使得日后孔子在鲁国大展长才、风风火火不过三个月，齐国就迫不及待地出手了。

齐国出手之后，问题就回到了季桓子。认真说来，季桓子对于孔子的感受，算得上极其复杂：一则以敬，一则以惧；一则以爱，一则又以恨。他尊敬孔子的人品与学问，爱惜孔子的满怀理想与干练才华，但是，让他又怕又恨的，则是孔子一旦伸展了抱负，势必就要威胁他的执政地位。毕竟，季桓子是僭越掌权之人。孔子高举重建秩序大纛，一心要恢复遭鲁三桓（孟孙、叔孙、季孙）架空的鲁公室地位；作为三桓之首，季桓子面对孔子这样的角色，当然会无比矛盾。用孔子，对鲁国会大有助益；重用孔子，最后却会伤了自己。那么，到底用或不用？

季桓子盱衡全局，决定在"安全范围"之内，可以迂回一用。于是，季桓子与孔子，变成了某种博弈关系；季桓子虽然掌握大权，拥有现实的优势，但孔子声望甚佳，又据有道德的制高点。换言之，如果孔子沉得住气，一如《易》所说的消长之道，迂回转进、徐图以待，未必没有机会成事，更未必会"被迫"离鲁。可惜，孔子终究失败了。

鲁定公十三年，时任大司寇的孔子，自中都宰算起，为官不过四载，羽翼其实未丰，但为了实现"理想"，却冒然出手，建议鲁公"堕三都"（拆毁三桓逾越礼制所建的都邑），这下子，难免就触犯了季桓子的忌讳。当然，孔子以礼制为名，名正言顺；至于季桓子，一方面也想借力使力，趁势打压孟孙、叔孙的势力，于是，他明地支持这个政策，先顺利拆毁了叔孙的都邑，可暗地里，又指使他都邑（费）的属下公山不狃等人起兵鼓噪，以图自保。

一年之后，孔子以大司寇行摄相事，五十六岁的他，终于等到了机会大展长才，一时间，面"有喜色"（连门人都看了诧异！）。深怀使命又意气风发的他，决定大刀阔斧、放手一搏，首先，"诛鲁大夫乱政者少正卯"【注】。除掉少正卯这件事，平心而论，孔子做的没错，但是，确实又是用力过猛，且再一次挑动了季桓子的敏感神经。这样的操切，想"一刀切"的做法，其实都是使命深重的道德君子最常犯的"大过"。

结果，孔子与闻国政才三个月，鲁国大治，一下子，声名就传到齐国了。但这时候，感到不安的，难道只有齐国吗？孔子的意气风发，孔子的风风火火，一转眼，都变成了他周游列国的仆仆风尘。孔子失败了。可是，《易》讲阴阳、讲变化，说的是祸福相倚。失败后的孔子，从此栖栖遑遑，几度落魄如丧家之犬，但是，他似乎因而想清楚了当年老子告诫他的那段话，"吾闻之，'良贾深藏若虚，君子盛德、容貌若愚'，去子之骄气与多欲、态色(威仪容色)与淫志(过大的志向)，是皆无益于子之身。"那时，孔子走在黄土大地上，一阵阵风、一阵阵沙尘，吹得他眼睛几乎要睁不开，可他心里，却是越来越明白了。

【注】此事在宋儒之后，多被质疑。个中之争论，早已陷入考证的泥淖，变得汗牛充栋了。目前处于信者恒信、不信者恒不信的状态。我个人相信太史公的历史判断，因为，我没见过有人比太史公史识更高。可参考拙文《当太史公与孔子觌面相逢》(收入《其人如天》一书)。

生气的孔子
——听那厉声一喝

那回，为了冉求，孔子生好大的气。

大家都知道，冉求聪明，多才艺，做事尤其干练。孔子曾说，"求也艺，于从政乎何有?"换句话说，在孔子眼里，冉求是块从政的料子。而且，在孔子晚年，冉求也几乎成了他参与鲁国政治的代理人。

当初，鲁国权相季桓子临终，遗言务必将周游列国的孔子召回重用。待季康子继位，本拟遵嘱照办，可犹豫了片晌，却只召回了冉求。从此，冉求既像个先行的角色，又像个代理人。几年后，孔子也回返鲁国，却终不受用。眼看着冉求的备受重用，孔子不免将淑世的理想寄望于他，遂紧盯着这门人的所作所为。结果，那回季氏将伐颛臾，孔子已感觉不对劲，发了一顿脾气。可骂归骂，冉求在权力的漩涡中浮沉既久，渐渐身不由己，最后，竟然连帮季康子搜刮聚敛的事也都做了。孔子听闻，霎时间，绝望与愤怒齐涌了上来，于是，厉声一喝："非吾徒也，小子鸣鼓而攻之可也！"

相较于平日的和悦之气，更相较于周游列国几度受困遭厄的静定与安然，这回，孔子生这么大的气，当然是非比寻常。在这非比寻常里，其实，我们可以更清楚看到，孔子虽说是"温良恭俭让"，可在那"温"的后头，确实是有股杀伐之气的。换言之，《论语》里头的另一段话，"子温而厉，威而不猛，恭而安"，这"温而厉"三字，可能才是对孔子更准确、也更不让人产生误会的描述。

因此，在孔子温润如玉的外表下，是可以深藏着严厉与峻烈的。这看似矛盾，也好像不能兼容，可事实上，却是一阴一阳、一隐一显，完全可以相生而相成的。中国文明所有精彩的人事物，几乎都有这种矛盾地统合。如此与威严相生相成的温润，才可以是真正的"温"。至于那种毫无个性、也全没脾气的温温吞吞，要不，就是乡愿，要不，就是已濒衰朽，失去了生命力，才变成半点没有火气。如此温吞，又何足称焉？

真正的温润，是古人所说的"暖暖内含光"。既不张扬，也不耀眼；所有的力道与能量，尽可能都含着蓄着，甚至是藏着掖着。这样地光华内蕴，在平静淡然的外表下，自然有番不与人同的眼界，必定也胸中另有丘壑。如此温润之人，骨子里，个个都是狠脚色。譬如武术中的练家子，平日绝不轻言外露，可必要时，一出手，定然是一击必杀。

有这一击必杀的能量，才称得上真正的温润。于是，"温良恭俭让"的孔子，合该有此厉声一喝。生这么大的气，虽说令人心惊，五脏六腑都要为之震动，可如此云雷满蓄，也才真是生机盎然呀！

有"生"机，便可以"生"气；生这种生机盎然的气，便是古人所说的"文王之怒"。当年，文王一怒安天下，那可多有能量呀！这样的能量，源于平日之蕴积，也源于长时间之含藏。有此能量者，寻常时候，个个都是温润之人，必定比谁都沉得住气。换言之，唯有温润之人，才更可以生气；因为，他们生的，都是有生机的气。

可是，现今两岸的中国人，慢慢变得不太会生这种有生机的气了。

近三十年来，随着台湾美式民主之深化，随着西方引进的权利意识之高涨，台湾的政客也好，名嘴也罢，不断地鼓励大家对不平之事动辄愤怒、动辄生气。尤其在媒体推波助澜之下，台湾更流行一个历三十年而不衰的字眼，曰，"呛声"。台湾的民间，因根基深稳，素来知道要待人以礼；于是，民间稍稍年长之人，多半仍保有"温良恭俭让"的古风，并不太受这风潮的影响。只可怜那年轻学子，自幼习染于这样的权利意识，只要稍有不平，便懂得四处投诉，便急着伸张"自我"；尤甚者，他们可能会在家"呛"父母，在学校则"呛"老师。尤其出身名校的学生，他们一向自视甚高，也比别人更懂得维护自身权益。于是，上回有学者洪兰在报上批评台大学生上课无视于台上教授而明目张胆地啃食鸡腿时，但见台大学生或吐槽、或讥讽，相竞"呛声"，群起而攻之；又于是，有民进党"立委"带了一位台大研究生进了"立法院"，这研究生以近乎教训的口吻，当着所有媒体面前，公然"呛"了"教育部长"蒋伟宁；再于是，有位洪姓成大毕业生，服兵役时，自居正义，也自恃人中龙凤，罔顾军中纪律与现实，动辄对部队里的志愿役士官"呛声"，积怨既久，在临退伍前，竟因新仇旧恨而遭整致死。

如此"呛声"，最终结果，只是相互毁灭。

相较于台湾学子的动辄"呛声"，大陆这边的情况，当然明显不同，但是，那同样充斥着负能量的忿忿之气，却也不遑多让。

大陆的不平之气，由来甚早。早在清末民初，读书人为了救亡图存，多少就有点操切；一操切，自然就很难沉得住气。到了五四运动，"反传统"大纛一举，不管是寻常礼教，抑或"温良恭俭让"，顿时之间，似乎都成了负面的词儿。后来，一波波日渐激烈的政治运动，更使中国文明一向强调的温润如玉，像是被重重的榔头猛地一击，一霎时，粉碎满地。好不容易，等反传统的气氛不再炽烈，中国文明也才刚刚苏醒，大陆又以世界史上罕见的速度急遽工商业化；当传统的底气犹未恢复，产业又发展地过快过猛，工商业社会的紧张竞争与必然会有的权利意识，在网络发达之后，便将那忿忿之气如野火燎原般延烧到整个神州大地。

于是，有了微博。

自微博兴起后，一瞬间，中国仿佛遍地公知。在微博世界里，但见无数人义愤填膺、痛心疾首；他们关心着天下之事，也管遍了天下所有事。只要看到不平，既未深思，也没细想，常常不明就里，像反射动作，立马就投袂起身、激动难已。透过一条条的转发，他们不停地咒骂，不停地抱怨，其词锋之锐利，其言语之滔滔，固然使许多人一时称快，但如此大逞口舌，却只让浮躁之风弥漫了整个社会，也让急切之气充斥在各个角落。于是，有太多的人愤慨，有太多的人生气；可生这气，除了虚耗一己之能量，只将自己搞得一天天不痛快。如此生气，从来就不是什么有生机的气。

认真说来，微博的事事关心，本不是件坏事。自古以来，中国人的关心面，一向就如此宽广；古人也好谈时势，也喜论兴衰，这其实都是我们民族的大气。每回，我在北京打车，听出租车师傅纵论天下，都觉得极有意思。但是，关心归关心，管归管；古人对于啥事该管，啥事不该管，倒比我们有分际。换言之，许多事不妨关心，却未必要有太多的议论。孔子说，"不在其位，不谋其政"；古人这种分际，大概，就是所谓的"礼"吧！"礼"过于僵硬，当然会礼教杀人；可在正常的状态下，却会让人产生强大的节制力量。行于所当行，止于所当止，这就是"礼"。有这样的节制力量，在行止间，就会有个分寸；有了分寸，纵使凡事关心，也不容易有情绪的纠缠与惑乱。

除此之外，古人也比较懂得本末与先后。本末与先后，其实也就是"礼"。在这本末先后下，除非是为政者与士人，否则，一般人总先从家里、亲族、邻里，依序扩大，最后才关心到天下国家；这正是《大学》所说的"修身、齐家、治国、平天下"的顺序。因为是先从生活的周遭关心起，对别人的体会，通常就比较真切；对别人的认识，自然也比较具体。体会既深，认识又真，面对他人，便容易厚道；面对事情的是非曲直，也不易贸然论断，更不易流于极端。一旦有了这样的持平与体谅，与人相处，便开始有余裕，也开始可从容；当生命有了余裕与从容，人自然就可含藏，可温润，也可以生机盎然了。

事实上，生不生气，从来就不是重点；有无生机，才是真正的关键。所谓中国文明的复兴，看似缥缈，可说白了，也不过是找回中国人该有的云雷满蓄与生机盎然罢了！因此，大家不妨读读《论语》，学学孔子，先做个温润如玉之人，然后，该生气时，不妨就好好生个有生机的气！

素面相见
——关于孔子

眼下的台湾，儒家，不需太过提倡；但是，孔子，应该好好看待。

这两句话，看似矛盾，其实不然。

前面一句，是我老师林谷芳先生说的；而后一句，则是我自己加的。这看似和老师唱反调，其实，也不然。

先说儒家这一句。老师此话确切意思，我说不准；但因为老师是个禅者，百无禁忌，看到学生驽钝如我的越俎代庖、胡乱引申，他必定不以为忤，至多也就是一笑哂之罢了。于是，我且放胆来说说。

儒家之所以不太需要再提倡，原因之一，是因为它早已就是台湾的根柢，以前如此，现在，依然如此。且不说那儒家驾凌于一切的清朝，即便是日据时代，日本文化中的儒教元素，与台湾民间的儒家基底，彼此大可水乳交融、稍无扞格；甚且，受日本儒教的影响，或许还更有益，因为那是唐代的，还未受宋明理学拘限的。而后，国府来台，官方倡导儒家不遗余力；相较于大陆，台湾则从来无有"文革"式的断裂，连早先五四的断裂亦不明显；台湾就算是民主化、国际化之后对传统的种种疏隔，也未必真正伤到这根柢。

若真要说断裂，台湾向来有的，只是知识分子与民间的断裂，只是显性台湾与隐性台湾的断裂；然而，这断裂也未必真似外表之甚。因为，知识分子纵使再如何西化，许多人的骨子，仍旧是传统的；例如胡适，尽管口诵杜威哲学、念持实验主义，但究其实，他是甚等样人？他是不折不扣、道道地地的笃实君子、恂恂儒者，不信，你且去读读唐德刚的《胡适杂忆》。此外，台湾的显性世界，譬如媒体所见者，不论再如何光怪陆离，但潮来潮往，来得快、去得也快，终究都只是浮花浪蕊罢了！真要说，撇开这梦幻泡影般的显性潮流，那水深浪阔的隐性世界，恐怕才更重要吧！那回，陈丹青四度访台，他亲历亲见，迥异于媒体中的喧嚣浮躁，看到了台湾最寻常的人情厚度，有感于斯，遂成一文，题曰《日常的台湾》，又题曰《温良恭俭让的台湾》。

是的，那隐性而最日常的台湾，从来就是温良恭俭让，儒家之根柢一直都在的；既然一直都在，自然毋须又特意来提倡，此其一。其二，当下儒家之影响，已见其病，若再提倡，滋弊更深；于此，可再分辨一二。

从来，中国传统本是儒道互补，若偏废任何一方，均非天下之福；而佛教东传之后，则又讲究儒释道三家均衡发展；然而，台湾在国府时代刻意弘扬儒家，对佛教不甚闻问，于道家之生命形态，则多有贬抑，动辄将无为斥为消极，将游戏三昧说成游戏人生，扭曲为荒诞不经。于是，形成强烈的儒家本位，遂生流弊，其弊在于僵滞、在于规格化、在于对应现实之无能。

此弊不妨以马英九为例。马受儒家影响甚深，举凡其为人之敦厚、任事之积极，其勤俭自奉、其家国之思，在在都有儒家之烙印；这原是好事，但若对照他治理台湾之窘迫无方、步伐踉跄，却最能映现出儒家的局限。

宋代之后，儒者专注在正心诚意，留心于规行矩步，结果，一旦现实险峻、形势难测，他们要不颟顸无知，要不应对无方，总之破不了、打不开，最后于事亦将无成。马正是如此；他是个好人，从小是个模范生，温文有礼、循规蹈矩；也正因如此，若要他逾越规矩，多少总会有道德上的焦虑。现今批马，駸駸然已成时潮，这里头，多有訾议其为"法匠"者；"法匠"云云，当然不是实情，因为，马之为人，一不严酷，二不刻深，离真正之"法匠"，辽辽远矣！真要说马之拘泥法条，与其归因于他的法学背景，倒不如仔细端详他自幼熏陶的儒家教育。对马而言，恪遵规矩，原属天经地义；规矩已然如此，更遑论法律？作为儒家信徒的马英九，守法一如守规矩，那都不仅仅只是对社会规范之尊重，更涉及到个人价值系统之生命安顿，若有逾越，是会招致生命根柢不安的。正因为这样的循蹈恪遵，皆源自于他生命之根柢，于是，我们再细细端详他的谨细慎微、从而顾小失大，再看看他的优柔仁弱、怯于杀伐决断，他的洁癖封闭、昧于开阖吞吐，都会清楚发现，这其实都有着他难以跨越的天堑。

这也是后世许多儒者难以跨越的共同天堑。本来，天地之间，有成有毁、有立有破，识得劫毁之道，方可掌握杀活之机，天地也才可清安。可惜，宋以后诸多儒者偏偏不能识此。

是的，他们原都有淑世的理想，都是谦谦君子，也都温良恭俭让；但是，正因为他们的循规蹈矩，故而昏聩，故而被踏杀，故而被物化。他们缺乏叛骨，他们没有反抗的能量，他们甚至连该避都未必能避。

但是，孔子不然。

孔子和后世儒者很是不同。他抗议能量饱满，他"信而好古"，这"好古"当然"不怀好意"，是拿来针砭、甚至是对抗当代的。他又颇似革命志士，那回在齐国听闻《韶》乐，唤起他心中"凤凰鸣于岐山"那礼乐治世的憧憬想望，久久不能自已，于是，"三月不知肉味"，壮怀激烈，以至于斯。他见微知著，因而"临河不济"；他知机识机，苗头才一不对，该闪就闪、该避就避，"危邦不入，乱邦不居"，这当然不是滑头，只是心头明白。他对鲁国情感很深，但又不耽溺其中；真没机缘，他虽稍有迟疑，但也不甚挂碍地就奔走他乡、周游列国去了；在异地闻得齐国出兵，鲁有被灭之虞，他只问众弟子孰人去救，似乎也不打算亲自出马，更无不惜殉国之念；他一点都不像后来楚国的屈原。屈原没有孔子的清朗，也没有孔子的明白，故而被所谓"爱国心"给镇魇住了；屈原善良，然多忧思，他打不开局面，路越走越窄，最后，他把自己给困死了。事实上，后世儒者尽管声称圣人门下、自诩孔子之徒，但他们不似孔子，他们多似屈原，好像受了许多委屈。屈原是缺乏反骨。

孔子一身反骨，只不过是藏在他的温良恭俭让中罢了；孔子也说反话，还常消遣学生，结果老被学生质疑，还常被"吐槽"，子路当然是个中佼佼者；老子有云，反者道之动，孔氏门庭正因有此风光，所以兴旺。孔子的温良恭俭让是显，他的反骨是隐；这当然不是孔子虚伪，而是他气象万千；孔子的蕴藉是显、激烈是隐；他的和悦之气是显，杀伐之气则甚隐；正因有显有隐而又能相生相成，故而孔子的世界水深浪阔，蓄得了鱼龙。

孔子门下鱼龙众多，号称三千，但重点不在于这量多，甚至也不在于质高，孔门之所以深阔，是在于他那几位高弟的个个精神、色色鲜明。且看他前期三大门人——大家都极熟悉的颜回、子路、子贡，一个静默澄澈宛若高僧，一个慷慨豪迈直似侠客，一个聪敏通达游走政商，三人均非一般，个个不可小觑，但又大相径庭，彼此泾渭分明；然而，这三种截然有异的鲜亮人格，却又能在仲尼门下齐聚一堂，笑语吟吟，且又长期追随（更别说子贡三年不足再行加码一倍的庐墓之事了），实在让后人很好奇这老师是何等的格局与器识。

孔子之后，所谓儒家，就再也没出现这种繁盛景况了。你看孟子，他滔滔不绝，长篇大论；学生似乎只负责提问，接着听他教训，除此之外，好像别无余事；众弟子个个相貌模糊，后世再有想象力之人，似乎都想不起万章、公孙丑究竟是何等面目？而后，到了宋儒，老师越会说理，学生越是毕恭毕敬；先生威严赫赫，弟子屏气凝神，于是，才有"程门立雪"的"佳话"；这当然可敬，但是，完全没有风光，离昔日孔门的气象万千，实在迢迢远矣。

孔子门庭那鱼跃龙腾之胜景，后世最可见者，不在儒门，反倒是在禅门师徒之间，与那打天下的王者及幕下豪杰之中。残唐五代，天下大乱、生灵涂炭，偏偏那群禅僧有志气，他们杀气腾腾，呵佛骂祖，师徒之间，棒喝交加，不避忌讳，于是法门多龙象，个个鲜烈无比；而那王者，志在天下，不论是刘邦，抑或瓦岗寨群雄，他们招得来四方豪杰，又可与天下万民相闻问。这与天下万民之相闻问，好比孔子之于长沮、桀溺以及荷蓧丈人，彼此虽不同调，但都有个爱惜之心；又好比那庄子，虽对孔子颇多调侃，但他是欢喜孔子、也明白孔子心意的，你看他的《天下》篇写得多好。

阿城曾经说道，"将孔子与历代儒者摆在一起，被误会的总是孔子。"诚然，诚然也。正因如此，当清末以来，那一群饱读诗书、规形矩步的儒者，面临西方威胁，其昏聩无能、应对无方，使得五四群贤激愤地喊出"打倒孔家店"，这声音虽然清亮可喜，但终究仍是有些喊错了。后代儒者，当然可议之处甚多；但若是把孔子一并都给拉倒，那就可惜了！近代士人，不论批儒拥儒，似乎都有些把孔子给搞混了；解铃还须系铃人，有心之士不妨先谢过五四群贤（谢他们的"破"，有破才有立啊！），再跨越两千年来儒者的牵扯不清，试着与孔子素面相见，或许我们可以重新看到，那个没被误会的孔子。

闻风相悦
——再谈孔子

喜爱古典戏曲的朋友都晓得，折子戏好看，往往比全本大戏更吸引内行人。因为，它简洁凝练、能量饱满，更因为它当下俱足，故可以无始无终，反而更有余韵，引人遐想。所以我们读《论语》，看孔子师徒间精炼之对话，兴味总高于孟子的长篇大论。我们喜欢孔子的言简意赅，可惜后世儒者多学不太会这点，反倒是禅宗和尚不学便会。他们不仅话说得少，有时甚至不说。你才开口，他就一棒打杀，少啰唆！

恕我啰唆。再来说戏。现今有折子戏之专场，一连几折演下来，大家都明白，最精彩的，最有看头的，每每就是最末那一折。这一折，人称大轴。《庄子》是本奇书，篇幅大，却不显啰唆。盖其文恣纵，摇曳生姿，横说竖说，随他说。通书数十篇，《内篇》诸篇尤显精彩；

然而，全书大轴，是《天下》篇。

《庄子·天下》篇这千古文章，里头有个词句，行文之间，庄子不断重复使用；我数了一数，总共，出现了五次；但我们全文通读，却一点儿都不觉得烦，反倒每回看了，便顿觉舒服。这词句是，"闻其风而悦之"。稍加增删，则不妨改成四个字：闻风相悦；我以为，这很适合拿来说孔子。

闻风相悦，关键字，一个是风，另一个是悦。

先回头说《庄子》。《庄子》前头的《逍遥游》《齐物论》等篇，皆不世出之大文章。然而，前后相较，《天下》篇之所以是压卷之作，原因在于：内篇这些宏文，谈的是庄子所谈，而我们见到的，则是特质鲜明、极其迷人的庄子；可《天下》篇不然。《天下》篇所论，是各家所论（还包括论庄子自己）；我们看到的，则是一个高于庄子的庄子，一个旷视古今、纵览全局而清清朗朗的庄子。一个人能如此明晰地高过自己，便可成其大。

《天下》篇里的庄子，因为大，所以有人有我、人我皆好。他论及诸家，明其局限、详其不足，但又尽述其长、不掩其美。对于他同时代的诸君子，庄子想法虽然有异，与之也不尽同调，然而，言辞评论之间，却满是爱惜之心。对此篇所论的各家而言，庄子是他们最强的敌人，也是最大的知己。

视强敌如知己，这般爱惜之情，后世更可见诸那许多英雄豪杰：如刘邦之厚葬项羽，为之发哀，泣之而去；又如曹操与刘备之煮酒论英雄，那孟德看玄德，敌意越深，喜之越是不尽；再如，虬髯客志在天下，襟抱非凡，但一见李世民，默然心死，他比任何人都明白，眼前的李世民才是真命天子。

这种惺惺相惜，晚周诸子中，除了庄子，最可见的，当然是孔子。孔子许多性情通于王者。孔子曾问礼于老子，彼此其实未必同道，老子对他且不无批评，两人关系，似在亦师亦友亦敌之间，但高手过招，岂能不知深浅，於焉，孔子喟然叹曰，"吾今日见老子，其犹龙耶？"这话说得精准，且有孔子的风度。又一回，齐景公认真考虑要重用孔子，询诸晏婴，这晏婴不甚好意地分析了一堆原因，硬是打消了齐景公的念头。真要说来，晏婴对孔子多少是有些敌意的，然而，孔子是怎么评论晏子这个准政敌呢？"晏平仲善与人交，久而敬之。"

再说，许久之后，又有一日，楚地狂生接舆，歌而过孔子，那歌声也真是嘹亮，千载之后，都还清晰可闻呢！君不见李白有诗言道，"我本楚狂人，凤歌笑孔丘"；这凤歌是这么唱的，"凤兮凤兮，何德之衰。往者不可谏，来者犹可追。已而已而，今之从政者殆而！"孔子一听，急急下车，欲与之言，然而那接舆是既不说话，又没理会，径自就疾走避开了，只留孔子怔在那边，有份怅然。

这份怅然，有着孔子的妩媚。孔子是个刚毅汉子，他连体力都好得让我心生惭愧(若不相信，你六七十岁再学他搭着牛车周游列国看看)，道他妩媚，完全没有不敬之意；这就如同，那京剧里头原本极其粗豪的张飞，称职的架子花脸却总要演到带着几分妩媚，才更能彰显其可爱之处了。

孔子这份怅然，甚至通于男女之相爱悦。那是，尽管彼此相知甚深，但难免也有不到之处，可能有些误会，有些争执，甚至还起了口角，然而，无论外表再怎么有意见，终究说来，心头都是爱惜对方的。接舆这狂歌笑孔丘，让人浮想联翩，我竟想起，林黛玉有事没事老拿话要把贾宝玉给刺那么一刺，然后宝玉这呆头鹅，多半也就这么一愣。虽是一愣，但这里头有情意，更有风光。

孔子之异于后世儒者，正在于这份情意、这份风光。

类似接舆这桩事，孔子前后遇到了好几回，譬如长沮、桀溺，譬如荷蓧丈人，又譬如他击磬于卫时那荷蒉而过者。孔子这般与世人相互探问、闻风相悦，遍在于他的一生，但这种事却不太能想像会出现在孟子身上，恐怕与宋明理学家更是无缘。因为，什么人会遇到什么事。

宋明理学家严肃可敬，也比孔子都还擅于思考，但因过度自省，又拘闭于正心诚意，故而，连好端端的礼教都拘闭到可以杀人；也因为拘闭，所以连对汉祖唐宗，他们都没兴趣。他们有思想、有理想、有许多伟大的念想，但是，他们没有孔子所说"兴于《诗》"的这个"兴"字，才会如此隔离于人世风光。至于孟子，倒是有风光，他这人有"风"，所以文章泱泱浩浩，沛然莫之能御。然而，他的"悦"，却成问题；他是非清楚，但是过度严明；他有种傲慢，源于对别人少有爱悦，对论敌也缺乏珍视，故而批评对手总毫无容赦，就像他议论杨朱、墨翟，曰，"杨氏为我，是无君也；墨氏兼爱，是无父也。无父无君，是禽兽也。"

孟子文章，气象岩岩，同意者读了，当然痛快，不同意者想反驳，其实也不太容易；但是，孟子如此批评法，总是不对劲；旁人看了不舒服，嘴巴说不赢他，但心里不服气。而孟子这种骂人的姿态，在宋儒以后，屡屡易见。像理学家就把前段骂杨朱的话，改个词，常常拿来辟佛老，其不假辞色，其义正辞严，完全不遑多让；直至后来大陆的"文革"，乃至稍后的"愤青"，甚至今日两岸许多才高学富的道德君子，虽然他们未必就是儒者，但其骂人之腔调，其批评之决绝、之毫无余地、之少有爱悦，总还是让我想到了孟子。

像南方朔。南方朔是台湾政论第一人，言理明确，论证清晰，而他对时局的一片赤诚，也完全毋庸置疑。但是，读他的文章，会让人不舒服，会让人升起莫名的反感；不是道理对不对，而是感觉好不好。我们甚至可以想象，当马英九看了痛斥他比崇祯还不如的文章，马既不是生气，也不会是愤怒；恐怕是，有点自觉委屈，有丝无奈，还有一些些怕那南方朔；然而，读完文章，马不会因而豁然清朗，相反地，恐怕只会更加沉重；再下来，多半也就是更严肃地挤出一脸虚心受教之模样，有点儿勉强，隐隐然还有些不服气。同样地，我们也可以试想，当南方朔写过这一篇篇严厉的批评文章之后，他自己会不会更加豁然清朗？会不会也只是更加沉重？这些年来，诸多敬重南方朔道德文章的读者，看到他皱得越来越厉害的眉头，多少都会有些感慨，总觉得，他应该可以更宽裕一些吧！

至于孔子，他骂不骂人？当然骂！有时骂得还真严厉，他峻烈杀气的那一面平常是藏在温良恭俭让里。他最厌恶那种貌似圆融实则和稀泥的温吞滥好人，他斥此为乡愿之徒；他也最看不惯许多毫无锋芒从不得罪人的所谓持平客观之论，他会直接呵叱，"德之贼也！"然而，尽管如此，他评人论事，却最有庄子《天下》篇那样的风度，好而知其恶，恶而知其美；而他做批评，即便再如何严正，总还不失那爱悦之心、护惜之情，批评归批评，终仍会替对方也想一想，总有余裕可资徘徊。

好比说，孔子曾在卫国待过，对于卫国的一个要臣祝鮀，很不以为然，曾挑明了批评，用了一个很重的字眼，"佞"；然而，另有一回，他又直接批评卫灵公无道，此时，旁人就疑惑了，如果照你所说，那么，卫国为何至今仍未覆亡？孔子回说，那是因为卫国有"仲叔圉治宾客，祝鮀治宗庙，王孙贾治军旅；夫如是，奚其丧？"换言之，祝鮀这个人佞归佞，但他依然是维系卫国于不坠的三大柱石之一，这完全不该抹煞的。

更好比说，大家最熟悉的，孔子论管仲。孔子对管仲颇有意见，曾经直截地批评，说管仲器小且不知礼。但是，当子路紧咬着小忠小节，质疑昔日桓公杀公子纠，而管仲不仅不为公子纠殉死，反倒辅佐起原先的对手；

这时，孔子却反过来赞扬管仲说，"桓公九合诸侯，不以兵车，管仲之力也。"还罕见地称许管仲"如其仁！如其仁！"（大家知道，孔子极少许人以"仁"。）紧接着，那聪明一世的子贡，仍就这"忠诚问题"不放过管仲，当着孔子之面又再度质疑，这一次，孔子不仅高分贝重申，甚且加码了管仲的伟大，"管仲相桓公，霸诸侯，一匡天下，民到于今受其赐。微管仲，吾其被发左衽矣！"说到这儿，他随即想到连子贡这么聪明的学生都还如此不知轻重、不识大体，顿时恼火，没好气地就骂子贡："岂若匹夫匹妇之为谅也，自经于沟渎，而莫之知也！"他气子贡小鼻子小眼睛，将来怎么死的还都不知道呢！

这不是孔子头一回骂学生，其实，孔子骂弟子，还真不少见，《论语》里头，俯拾皆是。而众弟子中，被骂频率之高，稳居排行之首的，自然是子路：从最轻微的被"哂之"，到公开被批评瑟弹得不行，再直接被骂"野哉，由也！""久矣哉，由之行诈也！"最严厉的则是，孔子当面指着子路，"君子固穷，小人穷斯滥矣。"

骂得很惨？没错！但大家莫忘了，子路也是最常当面"吐槽"孔子的那位大弟子：子见南子，子路不悦；公山弗扰召孔子，子欲往，子路也不悦；而佛肸召，子欲往，子路还是不悦；子路甚至在他老师说出"必也正名乎!"这句名言之时，干脆就顶回去，"有是哉？子之迂也！奚其正？"

真是阳气灼灼，好不热闹！这等风光，后世仅见于禅门的箭锋相拄、师徒互参，而所谓儒家，反倒缘分日浅了。孔门如此兴旺，凭借的是什么？不正是那份闻风相悦吗？孔子劝大家多读《诗》，因为可以"兴"，可以对万物心存爱悦。他对时人之贤愚不肖如实知之，平实待之，又不失爱惜之心，一如京剧里头看小奸小恶的不失可爱。他与门人，尤其相知，故言语只需精简如《论语》，便足以心领神会，知之不尽了；甚而他和子路，更是不忌冒犯，不避冲撞，因为大家都清楚，孔子心里有多么疼惜他这个学生；而大家更明白，子路心中是如何地敬爱他这位老师，每回被老师称赞了，子路可是都要得意好久呢！

仁者静

——这世界，原该天清地宁的才好

有人问我，什么是"仁"？呵呵，这该从何说起呢？

《论语》一书，孔夫子处处言"仁"；"可怪"的是，他却从没做过明确的定义。现代的学者，对此，大感困惑；为此，也大做文章。他们越俎代庖，纷纷帮孔子定义了起来；滔滔不绝、洋洋洒洒呀！可是，孔子若真看了这些定义，大概也只能摇摇头，笑着说：定义，是定不住的呀！

有些人，才一开口，动辄就要定义；若不如此，似乎便说不成话。这班好定义之徒，多半活得辛苦。因为，他们明明活在一个具体的真实世界，却因训练所致、性格使然，遂流连于另一个抽象的概念世界。这两个世界，本来就大有扞格；因此，他们要不渐渐闭锁在概念世界中，要不就与世人格格不入、话难投机。真实的世界，本来就是《易经》所说的"变易"，本来就是流动不居、活泼泼的；其弹性、其丰富、其多义，岂一脸呆气就"'定'义"得了？

孔子当然不是这种耽溺于抽象思辨的书呆子。孔子看这世界，既真实、又丰富；他对这大千世界充满了兴味，不仅多识"鸟兽草木"，不仅"入太庙，每事问"，即使是佯狂避世的非同道之人，即使是南子这等饱受争议之人，他依然相互闻问、多有感通。正因有感有通，故而孔子的语言有生气、又鲜活。平日的他，谈"礼"谈"乐"，谈着谈着，却翻出了一个熠耀非常的新字眼——"仁"。这字眼是如此烨然新亮，是如此鲜活真实，因此，若像学究一般，真去"'定'义"，硬去"抽象化"，就等于将一个灵动的绝世佳人瞬间化成了标本，那岂不糟蹋？又岂不可惜？

因此，弟子每回问"仁"，孔子哪会有个"标准答案"？气定神闲的他，总悠悠缓缓，权且一说；然后，物各付物，弟子各自领会、各自好去。孔子言"仁"，是《易经》所说的，"神无方而易无体"；因为不去抽象定义，所以，全盘皆活。

于是，有人问我，什么是"仁"？哈！我岂可违逆孔子，妄自定义？但若当真要问，那么，也只能学学孔子，就权且一说吧！

仁，是对别人、对这世界，都有着一份活泼泼的真心的好意；有这活泼泼的真心的好意，就能与人相感、与人相通。仁，是《易经》所说的，"感而遂通"。

活泼泼的真心的好意？

是的。世间之人，总"抽象"地认为，自己对于他人、对于世界，确实是"真心"地抱持着"好意"。但是，若认真追究，这"好意"，未必全真；这"真心"，也多有折扣。譬如，我们虽说待人热心，但若有似无之间，多少总心存些许的利害与得失；我们会很在意自己有多大的热诚，却雅不愿意清楚自己是否也有一点盘算与计较？再譬如，我们可能以慈悲自居，也自认真诚，但是，一旦这慈悲"落空"，没获得"预期"的回应，我们会不会转慈为嗔、化悲为恨？又尽管我们自认真诚，但如果未得善果，反倒多有挫折、屡遭横逆，那么，我们会不会抱怨？会不会自觉委屈？

会吧！

我们与同事共事，与朋友相交，尤其，与亲人相处

（特别是夫妻、婆媳、青春期的子女与父母），只要有了争执，有了冲突，有了种种的不愉快与不舒服，这时，我们都不免要心生怨意，也难免顿觉委屈。我们会将自己昔日种种的"好"（譬如好心好意、温言婉语，总之，待他不薄啦！），一幕幕地重映眼帘，同样地，我们更会将对方当下种种的"恶"（譬如恶言恶语、恶行恶状，总而言之，这家伙忘恩负义），一幕幕地反复重播；这两种画面，交错重叠，不断地在我们的心头翻搅；这两者的反差，更不断地让我们心生愤懑，让我心有未平。

是的，只要是遇挫折、遭横逆，能完全不抱怨者，鲜矣；不自觉委屈者，亦鲜矣。因为，我们早先的"好意"，隐隐约约，都带着些条件；我们的"真心"，也原有着折扣。换言之，我们对人的"真心的好意"，其实都有点"抽象"，都不太彻底，都是佛教所说的有漏有余。事实上，我们通常都在意自己的付出，也在意自己的辛劳；我们会被自己的"真心"与"好意"所执。因此，我们与人有隔，难以相通；也因此，我们与"感而遂通"的"仁"，都还有些距离。

有没有人是没距离的？

孔子曾说，"回也，其心三月不违仁"，颜回可以做到整整三个月的时间与"仁"零距离。

这个厉害!

厉害的颜回曾说过,"愿无伐善,无施劳";用这个"愿"字,只因他谦逊;证诸事实,"无伐善,无施劳",他是做得到的。颜回明白,再真心的善意,过了,就该过了;再艰辛的劳苦,做了,也就做了;"善"不可执,"劳"不可拘;花开花谢,风吹云也散。于是,颜回的世界,干干净净、清清爽爽,格外有种天清与地宁。颜回那"真心的好意",既无漏、亦无余,因此,可以是"仁"。王维的诗句,"涧户寂无人,纷纷开且落",颜回正是这般开落之间的千古寂然;"三月不违仁"的他,一身静气。

王维另一首诗,"人闲桂花落,夜静春山空;月出惊山鸟,时鸣春涧中",全诗的诗眼,是个"静"字。同样地,这个"静",也是颜回一生的关键字。孔子曾说,"仁者静";他道此言,脑海中会不会浮现颜回的形象呢?颜回静默非常,是《易经》所说的,"吉人辞寡"。有一回,孔子还笑着说,"吾与回言终日,不违,如愚",貌似挖苦颜回、寻他开心,但是,随即又喜孜孜地言道,"退而省其私,亦足以发,回也不愚",哎呀!颜回这个人,啧啧啧啧……

颜回可厉害呢!

大家都用的词儿,"安静";颜回这人因为安稳,所以沉静。颜回的生命中,有种极强大的安稳,故而,沉静非常。因这不动如山的安稳,与那天清地宁的沉静,故而他一生没啥故事、无甚事迹,却永远在历史上熠熠生辉,不时都歆动着后代诸人。

尤其,我们当代。

当代人或躁或郁,离这沉静安稳,多半远了些。

现今台湾的都会时尚者,人人竞言摇滚,个个忙赴夜店。仿佛越是喧哗,就越具正当性。于是,每年垦丁的"春呐"、贡寮的"音乐祭",都成了台湾的"年度盛事"。媒体结合政客,更结合商人,年甚一年,炒作哄抬,使得那夜以继日的喧嚣,加上不时传闻的性杂交与毒品泛滥,都在震天的轰然声响与迷离颠倒的光影之中,骎骎然成了时尚男女的"朝圣之地"。

"朝圣"之后呢?在狂躁的呐喊声中,台湾的年轻一辈,并没有更加快乐,反倒日益郁结。这些年来,约莫从这"年度盛事"年复一年"盛况空前"以来,台湾的忧郁症患者，忽地数目攀高，又忽地年龄下降。这些不快乐的年轻人，貌似张扬，实则彷徨；他们追求"自我"，却常不知自身竟在何处？他们需要巨大的声响，否则，掩盖不了那无边无际的寂寞与空虚。他们彼此相拥、彼此紧贴，却常常无端惶恐了起来：身旁之人，怎么，个个距离都越来越远了呢？

这样的喧嚣，这样的疏离，也不只是年轻人。三十年来，台湾有多少风华正茂的青壮人士，有多少早该老成持重的年长之人，他们守在电视机前，观看"政论"节目，听"名嘴"摇唇鼓舌，看"名嘴"唾沫飞溅；大家边看边骂，边骂又边看；天天看、天天骂，三十年下来，台湾遂成了"蓝绿"分裂至今难见愈合的彷徨之岛。在电视机里，"名嘴"义正词严，个个连珠炮般，宛如真理化身故而说话不必换气似地。他们鼓其如簧之舌，忽而疾言厉色，忽而拉高音量；每当"名嘴"插话抢话、个个面红耳赤之际，那激昂亢奋、那轰然喧嚣，全然全然，不逊于垦丁摇滚狂欢的"春天呐喊"。

喧嚣的，还有小孩。

台湾三十年教改下来，小孩在课堂上喧嚣哗然，早成常态；在公共场合恣意胡闹，也司空见惯；即使是"循规蹈矩的乖巧小孩"，也经常东问西问，满嘴滔滔，一副伶牙俐嘴状。他们看啥问啥，想到啥便说啥；常常像"名嘴"一般，时不时就插嘴，动不动就抢话；他们也和"名嘴"一样，只自顾说话，却不愿听人把话说完。时下的教育理论，总鼓励经常发问，更鼓励勇于表达；因此，小孩总急着问、总忙着说，他们对于未知之事，没耐性放在心里慢慢反复琢磨。也因此，他们不习于察言观色，不明白要眼观四方、耳听八面。他们面对这世界时，因为受宠被溺，故而有种轻佻；他们不晓得，世间有种最重要的德行，名曰"虚心"。

人能虚心，这世界才安静得下来；小孩懂得虚心，他们未来的世界，也才可以天清地宁。天清地宁的世界，人方能优游其中，方能彼此感通；长大之后，若再回头，也才能怀念无限。

上回吴念真在大陆，说他怀念几十年前的台湾。

几十年前台湾的教育，迥异于今日；当时教小孩，"囝仔郎有耳无嘴"；大人说话，小孩岂能插嘴？小孩先静静地听人说话，先学会"虚心"二字，然后才能让外头的世界，悠悠缓缓地进入心田。因此，日后的他，心量可大，境界乃阔。传统教育之所以不鼓励小孩动辄发问，正是要他培其静气、养其虚心。有此虚心，不仅不易自我中心、不易刚愎自用，也不易成为孤愤的封闭之人。有此虚心，他才能与人相感，与人相通，与人无有隔阂。

几十年前台湾的小孩，迥异于今日；当时的他们，没有一张利口，没有伶牙与俐齿；他们看来笨拙，多半木讷。孔子说，"刚毅木讷，近仁"；"木讷"之人，既不善言辞，又不急于表达自己的意见，但是，比起那满嘴滔滔之人，他们虚心，愿意多听些、多看点。换言之，"木讷"者之心，容易打得开，容易与人相感相通；他们对这个世界，容易有份活泼泼的真心的好意。"木讷"之人，不惯于争功，不惯于诿过；较诸伶牙俐齿之人，他们更近于"无伐善，无施劳"。这样的人，多半安稳，多半沉静，常常是颜回的那种"不违，如愚"，也常常是数十年前小孩共有的那种笨笨的模样。

这世界，原该天清地宁的才好。

孔子"罹难"

——危难中见真孔子

孔子周游列国十余年，至少四次劫难，命悬一线。

禅宗有言，"境界现前时，如何?"一个人说再多道理，学问再如何渊博，都可能只是一场虚诳。唯有面临真实生命状况，尤其生死关头这样的灾厄时，他是真是伪，是深是浅，以及他的诸多复杂样貌，才能完全彰显，无所遁形。

我们且从这四次的劫难，来看看不单单只是温良恭俭让的那个孔子。

第一回，因卫灵公对孔子起了疑心，孔子决定走人，在往陈国的路上，来到了匡地。早先，阳货曾经陵暴匡人，因此结下了仇恨。不巧，这回帮孔子驾车的颜刻，恰恰之前与阳货同行来匡；而孔子和阳货，偏偏又长得相像。于是，匡人误以为仇人相逢，便将孔子一行给团团围住，前后五天。

门下众弟子既疑且惧，孔子为安顿军心，也多少有些自壮胆气，遂言道，"文王既没，文不在兹乎？天之将丧斯文也，后死者不得与于斯文也；天之未丧斯文也，匡人其如予何？"最后，孔子终于解了围，虽说与"斯文"没直接关联，却不无干系，是这样的，"子路弹剑而歌，孔子和之，曲三终，匡人解围。"如此死生之际，他们师徒弹剑而歌，三唱三和，以其气魄与诗情，不仅让匡人了然明白，此人绝非阳货，故而解围；也让千载之后人，不禁欣然向往，那气魄与诗情后头的所谓"斯文"。

第二回，孔子一行来到宋国，或因有所批评，或因遭忌，总之得罪了宋国司马桓魋，这触犯似乎极深，桓魋甚且欲置孔子于死地。彼时，孔门师徒正于树下习礼讲道，而桓魋发兵消息传来，孔子遂急急离去，桓魋于是扑了个空，杀不着人，怒火中生，还命令拆了讲坛、砍了大树，以泄心头之恨。孔子逃去后，弟子唯恐追兵赶到，催促老师再赶紧些，孔子是否因此加快脚步，不得而知，但他却撂下一句和上回似曾相识的话，"天生德于予，桓魋其如予何？"

孔子这一路逃得狼狈，到了郑国，弟子四处散失，他孤伶伶一个人站在外城东门边。子贡遍寻夫子不着，最后总算问到了消息，这人描述，东门边站着的那个人，额头像唐尧，脖子似皋陶，肩膀有如子产，而腰部底下则比禹短了三寸；他的神情，疲累困顿，有如一条无家可归的狗。后来，他们师徒终于团聚，欢欣之余，子贡将方才郑人那番描述，一五一十据实禀告。孔子听了，不仅不以为忤，反倒开心地说，他道我形貌像那些古圣先贤，其实未必；但说我像只丧家之狗，那可真是啊！可真是呀！（"形状未也，而谓似丧家之狗，然哉！然哉！"）

第三回，盖孔子由陈往卫，途经蒲邑，恰逢公叔氏占蒲地以叛卫，于是，公叔氏堵住孔门师徒不让行。此时，孔子有个弟子，名唤公良孺，高大力壮，自备五车跟随孔子，便挺身对孔子言道，我追随老师，上回在匡地遭逢险境，这回又在此地遇难，看来，这是我命中安排，原该替老师牺牲的！说罢，纵身一跃，便拔剑与蒲人决斗，拼搏之猛烈，让蒲人胆战又心惊，态度遂松软了下来；最后，蒲人要挟孔子不可前往卫国，双方订下盟约，蒲人才放了孔子一行。

结果，才一出蒲地东门，孔子头也不回，就直往卫国疾奔而去。子贡一看傻眼，满心困惑，问道，盟约可以如此弃而不守吗？孔子答得爽利，如此要挟所订的盟约，是连神明也完全不理会的！而后，到了卫国，卫灵公亲自城外迎接，劈头第一个问题，"蒲可伐乎？"孔子的答复，一个字，"可！"

孔子最后一次罹难，也是最险峻的一回。这次，在陈、蔡之间，他应楚国之聘，拟往一展抱负；陈、蔡两国大夫，闻得消息，顿感不妙，深恐孔子为楚重用，楚国强大将对陈、蔡不利，于是发兵将孔氏一门紧紧包围。整整七日，孔子受困于荒野之地，遂绝粮，"从者病，莫能兴"，旁边学生病的病，倒的倒，孔子力持镇定，似乎不为所动，"讲诵弦歌不衰"，子路则极不满，气道，"君子亦有穷乎？"您不是个君子吗？君子也会走投无路吗？孔子一听，半点不客气，结结实实就教训他，"君子固穷，小人穷斯滥矣。"走投无路时，才分得出来，到底你是个君子还是小人？

孔子见众弟子彷徨难安，信心动摇，于是决定分别约见他那三大弟子，半开导也半自嘲地言道，我们既非老虎，亦非野牛，怎么会沦落到在这旷野之地呢？"吾道非邪？吾何为于此？"问问自己，也问问弟子。头一个约谈的是子路，他多少还有些老大不高兴，便直接回说，

"意者吾未仁邪？人之不我信也；意者吾未知邪？人之不我行也。"是不是我们"仁""智"都有问题？才会搞到这样走投无路。孔子驳道，有这回事吗？当然不是的，以前伯夷叔齐够"仁"了吧！比干也够"智"了吧！但他们不也一样都逢灾受厄？这是两码子事，毫无关联嘛！

接着是子贡，他觉得今天的困境，乃源于孔子太高、太有理想，故而处处遭忌；因此他建议孔子，何不考虑放下身段，做些妥协呢？孔子则回应说，好的农夫善于耕种，但未必保证绝对会有好收成；好的工匠固然手艺精巧，但作品也不见得就能尽合人意。作为一个求道之士，最该关心的，无非是自己生命、理想之通透与明白；当然，你若通透了，也未必就能够见容于当代。但是，若舍本逐末，不关注自身之修行，反倒老想着降格以苟合求容，那么，你的志气也未免太小了吧！

最后，迥异于子路、子贡二人，只见颜渊平平和和、缓缓言道，"夫子之道至大，故天下莫能容。虽然夫子推而行之，不容，何病？不容，然后见君子。"别人容不下您，那有什么问题吗？不正因如此，才更彰显出您是个君子吗？颜渊这么说，像是当学生的回过头来宽慰他的老师，"夫道之不修，是吾丑也；夫道既已大，修而不用，是有国者之丑。"是呀！问题是在于那班诸侯，并不在于我们呀！既然问题在于别人，咱们自己又有什么好动摇彷徨的呢?！于是，颜渊又再一次强调，"不容，何病？不容，然后见君子。"

　　孔子听着听着，望了一望眼前这位平和安然的年轻人，心头有份欣喜，也有一丝丝的讶然，竟忍不住开他玩笑，"使尔多财，吾为尔宰。"颜回啊！改日你若是发了大财，我来当当你的总管吧！要不，你开家公司当董事长，我就来做做你的总经理吧！

循循善"诱"

——"煽动"者孔子

孔门高弟中，子贡言语无碍，口角便便；颜回静默含藏，"不违，如愚"；他们二人，都曾"评论"过孔子，俱有擅场。

先说子贡。孔子身前，他是大弟子；孔子死后，他是大"护法"。有人毁谤孔子，子贡听闻，赶紧劝他别这么做，因为，仲尼不可毁，"他人之贤者，丘陵也，犹可逾也"；而仲尼呢？"日月也，无得而逾焉。"你若还想毁谤，只是自曝其短，"人虽欲自绝，其何伤于日月乎？多见其不知量也！"这话攻击、防御两相宜。

子贡聪明练达，得意于政商两界，是个台面人物；依现代的标准，他是彻彻底底的成功人士。子贡敬爱他"日月"般的老师，三年庐墓又三年，情深意切哪！孔子也喜欢这个得意门生，多有称许，道他是"瑚琏之器"。

但他们师徒二人，多少有隔。

子贡现实感极强，故而是外交高手。齐将侵鲁，孔子要门人驰援，"子路请出，孔子止之；子张、子石请行，孔子弗许"；这紧要关头，孔子清楚，只有子贡槃槃大才，方堪此任，"子贡请行，孔子许之。"子贡利口巧辞，雄辩滔滔，其口角有如春天之风，固然有时和煦如东风徐拂，可化育万物；但有时凛冽亦如北风沙尘，足以折木发屋，瞬间紊冥昼晦。结果，"子贡一出，存鲁，乱齐，破吴，强晋而霸越。"呵！厉害！

然而，子贡得意于现实，虽有其长，亦有其短。子贡欲去告朔之饩羊，子曰，"赐也！尔爱其羊，我爱其礼。"师徒俩这羊与礼的矛盾，盖因眼界不甚相侔。孔子对于现实，当然有感；但他更关心的，是他的礼乐人世，是那辽远的清平世界、荡荡乾坤。子贡则是红尘中人，是个中佼佼，有一回，子贡问，"赐也何如？"孔子回答得干脆，"女，器也。"子贡追问，"何器也？"孔子再答，"瑚琏也。"

子贡才干卓荦，绝对当得起这"瑚琏之器"。然而，大家都清楚记得，孔子说过的，"君子不器"。两相对照，孔子的称许，显然有所保留。这"君子不器"，是孔子提醒门人，红尘里的荣华富贵，现实中的事业成就，好当然是好，但那毕竟仍是身外之物，于人不亲，不能过度当真的啊！

子贡为人体面，说话漂亮，像他的外交辞令。他位居要津，身旁难免会有些奉承的话儿，于是，有人就说，"子贡贤于仲尼"，子贡回应得好，"譬之宫墙，赐之墙也及肩，窥见室家之好"；你看得到，自然能知其好；至于仲尼，那就不同了，"夫子之墙数仞，不得其门而入，不见宗庙之美，百官之富。得其门者或寡矣！"那墙高，你见不着，难怪你要说我贤于仲尼了！子贡这话漂亮，不仅漂亮，甚至有些富丽堂皇。子贡此言，真心诚意，完全是对孔子的尊崇与景仰。然而，对此堂皇、对此富丽，我们听着听着，总觉得，似乎还少了些东西，少了些更真实的东西。

子贡一身富贵，不论行事、言语，都带着富贵气。那回，他浩浩荡荡，"结驷连骑"，前去探望原宪；但是，因为富贵逼人，过于高调，才那么不经意，就当场刺伤了老同学原宪。大凡漂亮的人儿，他生命有某个关键点，常常是到不了位；而许多漂亮的话儿，总有某些个地方，也稍稍不对劲。正因到不了位，孔子对子贡仍不无感慨，"赐不受命，而货殖焉，亿则屡中。"尽管这门人华贵高才，孔子心里疼爱，也诸多欢喜；但受不受命，兹事体大，于此，孔子犹有憾焉。

这关键点上，子贡与孔子是有隔的。但是，颜回不然。子曰，"回也其庶乎！"这话是说，颜回到位；又曰，"回也，非助我者也！于吾言，无所不说。"此话则说，颜回与孔子无隔。

他们师徒俩，是彼此最大的知己。就颜回而言，他的安然自在，他的湛然似水，生前死后，老师四处举扬，使得颜回这一生的蹇困贫穷，熠熠生辉，让后人在红尘世界的贵贱穷通之外，见到了更真、也更亲的人生面。而另一方面，就孔子而言，弟子三千之众，景仰他的，其数难计；崇拜他的，不知凡几。但是，景仰与崇拜，皆有其假象；再如何孺慕，也终有不到之处。因此，即便聪敏明达如大弟子子贡，与他尚且有隔；而忠心实诚如大弟子子路，对他也尚且不知其意，频生误解。像那回，绝粮于陈蔡，孔子的心意，弟子不懂就是不懂，要找个彻头彻尾明白的人，难哪！真要说，也就是这么一个颜回了！

相交满天下，知己无一人。孔颜师徒，何其有幸，他们都有一个真正的知己。人之相与，贵在知心；颜氏之子，人称颜渊，他懂得他老师的心。

佛教徒常说"欢喜赞叹"，此言甚好；此言若从极心底处，缓缓升起，再深沉些，那就是《论语》里头的"喟然叹曰"了。这词，书中出现过两次：其一，是因曾点的"风乎舞雩"，故孔子喟然有叹；另一，则是颜渊谈他的老师，劈头一句，"喟然叹曰"，"仰之弥高，钻之弥坚，瞻之在前，忽焉在后"。这四句，乍看之下，也是个漂亮话儿，颇似前头子贡极言孔子伟大的"颂词"，但细细读来，却又不然。二者虽似，实则不是。

对颜回而言，他从游师门，叩问孔子，是他此生所参的最大一桩公案。颜回虽然澄澈灵透，但一路走来，仍不免信了又疑，疑了又信。而后，他越了然于心，就越清楚孔子这桩公案的难以参透。"仰"也好，"钻"也罢，"瞻"也行，上下求索，八方叩问，颜回明白，太大与太真的人，难知哪！

因为深知其难，所以颜回喟然有叹；也因参之最详，所以颜回接着，更有紧要一句，曰，"夫子循循然善诱人"。此句，关键字，"诱"。

"诱"，这字眼，乍看突兀，似对圣人不敬，也和孔子严正的形象不甚搭调。但是，说真格地，这字用得真好；若非深知其中三昧，若非真为孔子解人，则不能用，也不敢用；颜回果真是，孔门第一人。

"诱"，一是煽动，二是哄骗。

程度高的，用煽动；略逊者，兼用哄骗。运用之妙，存乎一心，不躐等，不躁进(孟子说的"勿助长")，是谓"循循然"。

"哄骗"云云，且不说它；这儿，就单单略表"煽动"二字。"煽动"通于"兴"，是让人无来由便起了一番大志。《学记》言道，"善教者使人继其志"，老师胸怀宇宙，学生就该吞吐山河；此志气，非传授而有，实感兴而得，是"煽动"来的。孔子这一煽，煽得门人志气清坚，煽得门庭阳气灼灼。作为一个"煽动者"，必有其群众魅力，故孔子门下有三千之众。这数目，在春秋那时代，委实惊人；而潜藏的实力，也颇为骇人。单就这点，各地诸侯便不能不看重他，也不得不疑忌他。尽管孔子温良恭俭让，但作为一个"煽动者"，权臣为之侧目，诸侯爱憎不定，皆其来有自。

孔子在齐，闻得《韶》乐，三月不知肉味，这同于革命者的情怀，也是"煽动者"的特质。《韶》乐触动的，是孔子礼乐治世的想望，是凤凰鸣于岐山的憧憬，是他此生无尽大愿的所在。孔子的无尽大愿，煽动了弟子；孔子的辽辽远志，也歆动了后世。这一煽，有三千人哪！这一煽，近三千年了！

孔子的煽动，“不愤不启，不悱不发”。孔子扶强不扶弱，他“煽动”学生要成为强者；有志气，有本事，就来吧！要不，拉倒！你“不愤”，你“不悱”，老夫就懒得理你啰！大叩大鸣，小叩小鸣，不叩，就不鸣；我的老师禅者林谷芳先生另加一句，“叩破了，算你行”。同于孔子，禅宗另有名句，“见与师齐，减师半德；见过于师，方堪传授。”这种话，不是“诱”，是啥？这当然是“煽动”语言，意思很简单，依然是，“有志气，有本事，就来吧！”

有一次，孔子问子贡，“女与回也，孰愈？”子贡答，“赐也，何敢望回？回也，闻一以知十；赐也，闻一以知二。”孔子接着说，“弗如也；吾与女，弗如也。”这末句的“吾与女，弗如也”，后代一直有着争论：到底是谁比不上颜回？究竟单数或是复数？这争论当然有些好笑，但你若较真起来，兴冲冲就问起了孔子，没准儿，他老人家会说道，当然是连我也比不上颜回啊！言罢，笑了起来，好开心呢！

这才真叫作，循循善“诱”。

孔门第一护法
——收徒应若端木赐

昔日豪杰有言，"生子当如孙仲谋"。

顺着这话，我们不妨也说，"收徒应若端木赐"。

当老师的，有个门人如子贡，哎呀，何其有幸！

子贡，是孔门第一护法。孔子生前，子贡多有供养；几次交办任务，难度极高，也唯有子贡聪明练达，轻易便可胜任。孔子死后，子贡凭其庐墓三年又三年的情深意切，凭其便辞巧说，凭其烜赫一时的政经实力，依情、说理、论势，替老师捍卫护持，其全方位，简直是天罗地网。真要撼动孔子的地位，那是休想。任何对孔子的批评，子贡一旦反击，必音节清亮，铿然有响，似那棒球之全垒打，棒棒击中了球心。

《论语·子张》篇子贡的那几章，章章精彩，都如此击中了球心。后来孟子辟杨墨，宋儒辟佛老，就言辞而言，皆不如子贡之精准合宜；就风度而言，更不如子贡之廓然清爽。他们的气象，都不及子贡。一个人如何应对敌手，最能映现自身之程度。子贡程度高，襟抱阔大，不急不躁、不愠不火；所辟之辞，朗然可诵，"譬之宫墙，赐之墙也及肩，窥见室家之好；夫子之墙数仞，不得其门而入，不见宗庙之美，百官之富。得其门者或寡矣！"

哎呀，读来舒坦啊！

子贡果然是场面中人，连议论辩驳，都可以这般堂堂贵气；随意出个手，富贵逼人哪！再看一则吧！彼时，有叔孙武叔者，夸夸其言，却不知深浅。那日，他妄肆批评孔子，子贡听闻，遂曰："无以为也！仲尼不可毁也。他人之贤者，丘陵也，犹可逾也；仲尼，日月也，无得而逾焉。人虽欲自绝，其何伤于日月乎？多见其不知量也！"

最后三句，尤其是好。读着读着，感慨系之！

古往今来，叔孙武叔者流，比比皆是；他们总呶呶不休，他们总哓哓喧哗。尤其眼下这个时代，如此不知深浅、不辨高低者，真洋洋乎未知凡几；而颠倒是非、肆意毁谤者，更稳稳然高居主流。

譬如说，那回我在北京与友人会面，他便提起，现今一些"高等学府"，提起南怀瑾这种高人，一群学者专家，众口一声，尽皆讥讪谤毁。我笑着说，台湾也一样呀！南怀瑾以前在台湾，待了更久，但学院里，总訾议他为野狐禅，不屑谈论。今日学院，琐碎虚无，连周杰伦的歌词都成了中文硕士论文，但是，却始终不肯承认南公。老实说，那千千万万个享有公资源、拥有高声望的教授研究员，他们在文史哲系所的所有论文著作，不管如何积累加乘，真要论弘扬文化，恐怕，也终抵不过南公一人吧！但是，这些自己也搞不清楚写那么多论文究竟有谁人在看、又究竟于文化何益的教授先生们，他们依然姿态倨傲，依然拒绝承认南公那样的文化巨人！噫！这帮"叔孙武叔"们，爱骂，就由他骂吧！子贡说了，"人虽欲自绝，其何伤于日月乎？多见其不知量也！"

南门底下，该要有些个护法。

同样是捍卫护持，程度高的，是护法；程度低的，则是打手。打手情绪激切，斗志高昂，"恶声至，必反之"，打击异己，绝不手软，攻讦异端，毫无容赦。他们战斗力强，奉献精神高，常将自家事物神圣化。再好的东西，一经此辈张扬，都不免扭曲，更有落入巫魇之虞。来日，不免又是一桩灾难。

护法不同。护法论事，不落爱憎；辨析是非，唯务清楚分明，没那么多情绪纠缠。护法说理，首重气象；不咄咄逼人，不针锋相对。他让人服气，不只是谈话内容之入情入理，更是说话方式之大度雍然。听护法谈话，不会令人慷慨激昂，只会顿觉心旷神怡，了了分明。

任何大师，都需要像子贡这种档次的大护法。南怀瑾门下，尚缺高层次之护法；彼得·圣吉之于南门，在崇洋媚外蔚然成风之日，固可收一时光耀之效；但就法脉之传承而言，却终非长久之计。

撇开个别之大师，更宏观地说，百年隐晦的中国文化，若真要振衰起弊，真要重现光华，也都必须有一批端木赐这等胸襟格局之犖犖大才。这等大才，面对诋毁污蔑，既不痛心疾首，也不抑郁愤懑；唯不疾不徐，不伤不悲；但凡出手，便中肯綮；但凡回击，便可让千古后人，击节喝彩！

挥别"孔孟"

——别硬将孔子与孟子"送做堆"

早先，中国人不说"孔孟"。要么，说"周孔"，要么，就说"孔颜"。自从"孔孟"合称，《孟子》的地位陡地拉高之后，中国读书人乍看使命感深了、理想远了、说话口气也大了，不幸的是，中国文化的整体气象，却从此倾颓了。

我喜欢读《孟子》。《孟子》的文章有风，泱泱浩浩，沛然莫之能御，一口气读去，常觉得畅快无比。如果用现在的流行字眼来说，读《孟子》，会让人感觉很"爽"。当年傅斯年担任台大校长，规定大一国文读《史记》与《孟子》二书。傅校长显然清楚，论文章，除太史公之外，还真没什么人可与孟夫子相互颉颃。当年傅孟真写了一篇《这个样子的宋子文非走开不可!》，炮轰行政院长宋子文，惊动四方，洛阳一时纸贵。这篇争相传诵的文章，单论标题，就有《孟子》之风！

除了是天下第一等的好文章之外，《孟子》说理，更是辨析明快、确然无疑。他谈"性善"，尽管一直有人持不同意见，但历来认真搭理这些异议者，却是不多；毕竟，"性善"论一经《孟子》发挥，早已成为华人的文化基因，单单《三字经》开篇六字"人之初，性本善"，几乎就一锤定音，没啥好争议了。至于《孟子》所讲的"五伦"，更是字字铿锵、句句到位，一条条，都宛如数学公理、物理定律一般，读罢，除了颔首称是之外，还真是别无余事。

《孟子》文章绝妙，论理精辟，是一本了不起的大书。我每回读了，总不禁叹服再三。但即便如此，我依旧觉得，《孟子》在"子书"中诚可熠熠生辉，却不适合列入群"经"；而孟子是个鸿儒，也是天下之士，却不应拉拔到"孔孟"并称。

这又为何？

所谓"经"，是常道，是大根大本。《菜根谭》有段话说得好，"文章做到极处，无有他奇，只是恰好；人品做到极处，无有他异，只是本然。""经"，就是无有他奇，无有他异；"经"，也就只是恰好，只是本然。"经"

的重点，不在于文采斐然，更不在于雄辩滔滔；"经"的本质，是平常之中自有博大，淡然之处便可涵养。换句话说，"经"之所以为"经"，一是气象大，二是可养人。

孟子说话的口气大，却不见得有大气象。一个人的气象大，如五湖四海，可吞吐、可开阖，首先，就要知深知浅、容得下人，要对别人乃至于异己都能同其情、感同身受、有种根柢的爱惜之心。孟子不然。他批评人，动辄"禽兽也""非人也"，如此毫无容赦、自以为是，当然不是一个宽厚亮堂之人该有的大气象。正因孟子的气象出了问题，所以他对人多有不屑，这也瞧不起、那也瞧不起；最好的例子，是他蔑视管仲。

那回，公孙丑问他，将来倘使齐王重用，您能重现管仲的功绩吗？孟子一听，不高兴地言道，当年有人问过曾西，"吾子与子路孰贤？"曾西紧张地说，子路是我祖父（曾参）的大师兄，连家祖父都敬之畏之，我哪能跟他比呀？问者又道，"然则吾子与管仲孰贤？"曾西闻言，立刻"艴然不悦"，说道，你怎么拿我和他相比呢？当年齐桓公重用管仲，时间如此之长，信任如此之深，可建立的功绩却如此微不足道，唉！你怎么可以拿我跟这种人相提并论呢？孟子的结论是，"管仲，曾西之所不为也，而子为我愿之乎？"言下之意，管仲有啥好谈的？拿管仲相比，太侮辱我了吧?!

这是典型的孟子口吻。高高在上、俯视群黎，啥时都是"一览众山小"的姿态。但是，稍稍有现实感的人都难免纳闷：倘使孟夫子执了政，果真能扭转乾坤、轻易超越管仲吗？我想，在兵连祸结、秩序荡然的战国时代里，孟子如此托大，即使不是傲岸太过、轻佻太甚，至少，也是昧于现实了。如此昧于现实，在宋代竭力标举孟子之后，便成为许多主流儒者的共同特征。从此，儒生说话口气越来越大（譬如"为天地立心，为生民立命，为往圣继绝学，为万世开太平"）；从此，儒生也越变越迂、越变越腐、越变越酸。

变迂、变腐、变酸，是因为对现实有隔阂、对形势没实感，也因为生命气象窄隘了。宋儒标举"孔孟"，硬将孔子与孟子"送做堆"，倘使孔夫子地下有知，真不知要做何感想？就说管仲，当年孔子因管仲僭越礼制，也曾批评他"不知礼"；可尽管如此，孔子清楚这瑕不掩瑜，真论管仲的功绩，仍是非比寻常、实实地了不起；因此，后来子路、子贡为了政治节操问题（"桓公杀公子纠，不能死，又相之"）先后质疑过管仲，孔子不仅不以为意，反倒称许管仲"相桓公，霸诸侯，一匡天下，民到于今受其赐"；尤其捍卫文明之功，更令人感佩，"微管仲，吾其被发左衽矣!"

这就是孔子的气象。气象大的人,知深知浅;论人有层次,看人抓重点。孔子太清楚管仲维护华夏文明这桩事有多厚重的历史分量,于是,极少以"仁"许人的他,竟破天荒地赞叹管仲"如其仁!如其仁!"孔子这样的视野与气象,如果和孟子的轻蔑与傲岸硬摆一块,还真怎么看怎么怪!

孟子曾说过一段话,其实极好,"以善服人者,未有能服人者也;以善养人,然后能服天下",可惜,孟子做不到"以善养人",终究只能"以善服人"。于是,我们看见孟子一身正气,当然佩服,可当他极自负地教训人时,又不禁觉得刺眼,甚至要起反感。孟子面对学生、面对时人,甚至面对王者,都有一种教训人的高姿态。在此高姿态下,孟子象是真理的化身;他的浩然正气,变成有种压迫感;我们看他,永远言语滔滔,好辩,且永远都会辩赢。

真要说"以善养人",是孔子。我们读《论语》,看老先生有时会吃瘪,有时被笑话,不时还被质疑。子路对他的吐槽,俯拾即是,有时简直就像顶嘴。这正是孔子的大气象。孔子的门庭,一直有种气息、有种氛围,特别能滋养人。因为这样的气息与氛围，使许多人即便想法、作风有所出入，都仍愿意与孔子也来往、也说话。于是南子想见孔子，孔子迟疑了一会儿，终究去了，结果子路跳脚，还把孔子逼到赶紧发誓，说我绝对没做不该做的事！呵呵，这挺好玩的。

孔门这样的气息，大概就是"和气"吧！有"和气"，就能有是有非又与是非相忘；有和气，就能知善知恶又不执着于善恶。这样的是非善恶，就不会咄咄逼人，就能够养人。除了孔子之外，孔门第一和气之人，是颜回。颜回是一团和气，也是一身静气。颜回活得明白，活得安然，旁人与他相处，也会感染到这种明白与安然。颜回除了自身生命安稳，也关心外在世界，有淑世的理想，更有治世的能力，可惜时运不济，无法伸展抱负，却完全不妨碍他根柢的自在与从容。颜回不本末倒置，也不舍近求远，孔门师徒言志，他不谈高大上，也不标榜伟大理想，只是淡然说道，"愿无伐善，无施劳。"

颜回有种自信，一种暖暖内含光的自信。孟子也自信，但常常过头，让人觉得有点自大。自信的人有静气，自大的人则难免躁气。孟子被拉抬过高之后，他那种好辩的躁气，不仅影响了宋以后的主流儒者，甚至连当代一些看似与孟子毫无瓜葛的人，譬如大陆的公知、譬如台湾的名嘴，都可以看到孟子的某些影子。

　　每回我看到这些咄咄逼人、自居正义、动不动就激动得不得了之人，总会不禁假想，倘使宋以后不标举"孔孟"，而是延续着唐人那样地说"孔颜"，这世界，会不会更清宁一些？

遥念孔颜

——重建人世的亲与敬

今人多"孔孟"合称，这当然是宋儒的影响。唐代之前，并不如此，说的是"孔颜"。汉唐诸人，他们相信，颜回最近于孔子。

中国文化，宋代之后，转折极大。眼下台湾的传统孺慕者，所传承的，多半就是宋以后、尤其是晚明的这个传统；晚明，有两群人物主流：理学家与文人。二者生命形态，颇多扞格，然而，看似矛盾，但实一体；彼此相克，却又相生。宋明理学家正心诚意、谨言慎行，其认真严肃，令人生敬；晚明文人怡情养性、吟风弄月，其风流自赏，令人可亲。但是，两者却都落于一端，均生流弊。前者可敬而难亲，其"敬"有如神道，失却人味，于是日渐道貌岸然，最后一步步走向僵化。后者则可亲而难敬，少了人世的庄严，于是文人过多的风雅，遂成耽溺；过多的赏玩，也不免丧志。疏狂放浪的结果，也终究难逃无行之讥。

宋代之后，儒者标榜孟子，强化了"敬"，但也远离了"亲"。孟子于人不亲，巍巍巉岩，大家敬他，但也怕他；孟子高危，言谈之间，不经意就流露出轻蔑；大家固然说不清，却分明感觉到，孟子对世人有种傲慢。理学家亦然，他们如此正经，如此严厉，训人论事，仿佛都对；别人一听，顿觉污浊，自己全身上下，似乎满是理学家口中的"人欲"，好像活脱就是孟子所骂的"禽兽"。世人对此正气凛然的"谠论"，嘴巴不说，心里难免不服；于是，别说不"亲"，甚且都有不喜，可能隐然还有那么一些憎恶。积压既久，遂生反动。这反动，有明代极尽感官之娱的纵情放诞，也有五四的急切激愤，最后，还有，"文革"的暴烈严酷。"文革"对读书人的无情摧残，某种程度而言，是因为潜藏极久的反感与憎恶迸发，才导致了那新神道对旧神道这样一种毁灭性的报复。

正也好，反也罢，彼此两造，他们离孔子，都真的是远了。孔子不是这样的。孔子为人，与他教人，从不如此；其"敬"与"亲"，一而二，二而一，彼此不能丝毫断裂，两者不可须臾相离。孔子问礼、教礼，又以知礼闻名当世；他自然极看重人世的这份礼敬。但是，谈礼的同时，他必与乐并举；乐者乐也，亲也，怡悦也；《论语》第一章，劈头就是"不亦说乎？""不亦乐乎？"孔子且自言"乐以忘忧"，还特别称许颜回"不改其乐"。这"乐"字，才更是孔学的"正法眼藏"。可惜，后儒传此正法者，几希。孔颜的怡悦和润之气，孟子少有，后世程朱，虽欲学之，却怎么也学不来。

孔子言礼乐，礼云礼云，乐云乐云，人世要安稳，但妙趣也该无穷；人生何等庄严，然喜乐亦当处处遍在。如此这般，礼才不会僵化，礼教才不会杀人。孔颜师徒，俱是严正之人，但他们有吟吟笑语，其和悦之气，一如暮春三月莺飞草长，他们有喜气，世人爱与他们说说话儿。可是，理学家不然，他们全身上下，尽是治国平天下与存天理去人欲这种伟大的事儿，伟大把他们塞满了，也扭曲了。他们这么伟大，伟大到失却了人味，没了喜气，反倒一脸苦相，真枉费他们自居孔子之徒。

礼乐礼乐，乐其实先于礼，一如"悦"在"理"之前。世俗称许人，常说"通情达理"；先"通情"，再"达理"，就是"悦"先于"理"。人与人交往，但凡情感一通，开心了，道理就好说；情感如若不通，还硬讲道理，这就是说教；再有道理，也是枉然。理学家与民间情感不通，说教数百年，隔阂既深，所以连《牡丹亭》里的丫环春香，都要对那塾师迂儒闹上一闹；"文革"，则是闹大了。

孔子的礼乐，乐主亲，通于格物；礼主敬，通于致知。乐先礼后，所以大学说格物致知，先格物，再致知。今日学院，只有致知，无有格物，所以求得了知识，却于人不亲，反成负担。"先格物，后致知"，这看似深奥，实属平常。民间总说，"情理法"，情在理先，又理前法后：情为事物之本，法乃凡事之末，真不得已，方才用之。而情主感通，乃格物之事；至于理法，则多知解，属致知之事。"情理法"这顺序，其实深谙格致之道。民间这说法，与圣人之道，自然相通，彼此便可互为知己；这样的相知相悦，才能让这个文化畅旺数千年，绵延至今。这般互为知己，及至今日，已不复见。民间世俗与专家学者，两相径庭，彼此颟顸，几乎就是两种全然异质的脑袋。现在的大人先生，对此格致之道，早已弃之如敝屣。现代人言必称"法治"，必曰"法理情"；你若再说"情理法"，他可是连笑都懒得笑你的。

诚然，当今这个时代，离那格致之道，果真已远了；不过，眼下这个世界，离那全面性的灭绝，确实也近了。人之为祸，岂非自招？人之招祸，从何而来？曰，因不能格物而起；曰，因情意有隔而始。凡百之物，一旦脱离了人的真情实意，难免就步向异化之途；异化之物，每每恶性繁衍，没完没了，要止都止不了。昔日宋儒情意有隔，未能格物，于是造作出数百年的理学；到了清代，引来反动，又造作出乾嘉考据之学；理学也好，考据也罢，通篇累牍，仿佛总说不完似的，结果，故纸堆里，空留一场徒劳。然而，当今社会，异化之深之甚，较诸宋儒，何止千万倍？其异化又岂仅仅只是情意有隔？事实上，当代物量无限扩张所堆积起来的一座座大山，千重、万重，重重阻隔，早已把人弄得几近无感。当年宋儒尚且只是有隔，而今这物化社会，则是情意荡然，既无亲，也无敬，完全是无记无念。

这物量社会的恶性繁衍，只能没完没了；举凡科技、法治、学术，莫不如此。资本主义商业逻辑驱使下，科技产品的推陈出新，停都停不了；以舒适方便为名、餍贪极欲为实的大量制造，止都止不住。研发、生产、行销、消费，日新月异，消费再消费，没有把地球耗竭殆尽，没有把物种全数灭绝，都不可能或有稍歇。至于法治，常识看来，再听政客学者一说，似乎崇高，好像了得；但究其实，那不过就是方便资本主义社会运转的手段罢了。为了物量社会的顺利运转，随着物量的急速扩张，法条即便早已多如牛毛，仍不得不加速制定。议会待审的新法条，再如何塞爆，想停也停不了的！犹如当今学术，除了对物量社会推波助澜之外，学术云云，早已毫无情味可言。君不见学院中那干枯乏味的学术论文，如癌细胞般恶性膨胀着；没人说得清，这如山似海的论文，于人于己，究竟有何意思？但明确可见的，却是因为这些论文的无限量产，一篇篇，逼出了过劳死；一篇篇，逼出了忧郁症；又一篇篇，逼出了许多人独坐研究室时那无尽的一片茫然。

这茫然，是因为情意荒荒，失落而无处凭借；人漂浮在物量社会造作出来的无尽虚空，无亲无敬，无记无念。遥想孔子当年，礼崩乐坏，人心慌失，他几度要失望了，却未曾绝望；他几回也真丧气了，但随即元气满满，很快又好了。然而，令人好奇的是：他的元气，从何而来？他的高徒颜回，一箪食，一瓢饮，困居在陋巷，换成你我，皆难堪其忧，但他却是不改其乐；同样的问题是：颜回的乐，又所从何来？

孔颜的一生，有亲，有敬，有大信。"自古皆有死，民无信不立。"这大信，维系了孔颜一生的志气于不堕。孔子栖栖遑遑一生，他切切于心的礼乐治世，无非就是要找回世间的亲情与敬意，重建大信。颜渊问仁，孔子答以"非礼勿视，非礼勿听，非礼勿言，非礼勿动"，这般对人世的礼敬，令人肃然；同时，《史记》又说，颜回"年二十九，发尽白。蚤死。孔子哭之恸，曰：'自吾有回，门人益亲。'"这份亲意，则又使一切的生老病死当下解脱，亦使一切的寿夭祸福俱证涅槃。孔颜对人世的大信，可远离颠倒梦想，得究竟涅槃。

物化社会里，躁郁时代中，我们遥念着孔颜。借此遥念，有心之人，容或从中证得了那份亲与敬，进而体得了那满满元气。于是，尽管眼前再如何晦暗迷蒙，一如两千五百年前的那一对师徒，他们面临困厄，甚至生死交关，但是静定安然，没有苦相，没有纠结，清清朗朗，就往前走去。

乐以忘忧

——孔子与曾参

"先天下之忧而忧，后天下之乐而乐。"此千古名句，襟抱非凡，可敬可佩，地地道道是儒家本色。但是，若说此言完全符合孔子的本怀，却也未必。

孟子说"生于忧患"，诚然，诚然也。有了忧患，始有文明；忧患，使人溥厚，使人思省，使人重新看到了自己。晚周诸子，面对王纲解体那未曾有之变局，面对礼崩乐坏那空前之乱世，他们动心忍性，其操心也危，其虑患也深，于是，百家争鸣，讙哗议论。或承其忧患，直接荷担，正着说，譬如儒者；或身处忧患，却立于其上，将忧患也一并打豁，反着谈，譬如黄老。

孔子呢？他在两者之间，自言"无可无不可"；有法言，正着说；有巽言，反着谈。忧患既深，又能开豁。他不忘其忧，不改其乐。胡玫的电影《孔子》，虽说不算成功，却抓到了孔子豁然的那一面。从这豁然，我们看到了不等同于后世儒者的孔子。

有别于孔子，儒者有可有不可，很是严明；唯重法言，严肃非常；先天下之忧而忧，忧深虑重；后天下之乐而乐，故鲜有悦乐。

晚周诸子中，有比儒家更忧深虑重、更鲜有悦乐者，那是墨家。因为重重忧患，墨者"日夜不休，以自苦为极"，"天下不堪，墨子独能任"，此等胸襟，此种悲怀，能不令人肃然起敬吗？然而，墨家倏然大兴，却又骤然急衰，何以哉？个中原因，若从思想来判划，当然多可辨析；然而，若从最直觉的外貌来看，我则以为，墨家的骤衰，可能就只因为：他们有苦相。

中国这文明，一旦人有了苦相，便觉不喜。且不管你是庶民百姓，抑或是圣贤教主；也不管是为柴米油盐此等平常之物，抑或是为了天下国家这般伟大之事；你若老是苦着脸，总之，大家看了不惯。人生再苦，总有不苦；再多忧患，总可豁开。你到民间看看，至今多有这种极精神、极健旺之人；他们也不是没有忧苦，生活也不是没有烦恼，但就是看得开，不露苦相。

昔日，佛教东传，早先的造像，是颇有些忧苦的。

那忧苦，是荷担了世间多少的无明与苦难，可这苦相，毕竟与中国文明多有隔阂。於焉，待佛教与中土相融渐深，佛像里的忧苦也随之渐泯，脸上的肌肉亦随之放松。至此，隋唐以后的佛像，就有更多的祥和与安然，这才是皆大欢喜。及至后代，佛寺的前殿已稳稳坐着弥勒菩萨，这大肚弥勒的笑脸迎人，正说明了，佛教的中国化已然大功告成；有了这份喜气，佛教与中国文明遂已毫无间然。

同样的道理，十九世纪以来，欧风美雨肆虐全球，西方文化以摧枯拉朽之势凌驾各地，基督宗教也以此雄厚资源，四处传播。然而，这极其强势的基督宗教，百余年来，在中土的传播，却一直颇受抵触。何以然？教义如何，教理云云，且按下不表；若从最直觉的外貌来看，我仍以为，基督教之所以与中国人抵触，亦是因为，他们有苦相，而且是，太苦了。

基督教的忧苦，直接影响了西方人的精神样貌。说来好笑，我年少无知，不辨真假，有几年的时间，竟然很向往西方文化人那种忧思重重、郁深难解的沉思模样。因为，不是每个哲人，都尽皆如此吗？不是越有深度，就越忧深难解吗？不是连偶有笑容，也该是苦的吗？约莫如此，台湾西化的知识分子，颇多也感染了这忧郁深思状。这些年，他们总感慨，在台湾社会，知识分子已被边缘化，没人要听知识分子说话了。个中原因，当然多可探讨；但是，那回看了一帧照片，只觉得，其实也可以不必探讨了。照片缘由，是纪念《中国时报》创办人余纪忠先生冥诞，因此台湾的自由主义诸多要角齐聚阳明山，这张照片正是与会精英的合影。我一看，哎呀！真是愁苦啊！好多张脸，都布满着深忧重郁！看着这些脸，心里明白，除了像年少强说愁的我之外，愿意听他们一抒经世大道者，恐怕，只会是一年比一年少了。

我端详着这一张张脸，那脸上的忧郁深重，除了移植自西方智识者的精神愁苦之外，其实，我清楚看到，这里头，仍多有根源于儒家者。这些精英，多半不是儒者，甚至也可能不喜欢儒家，但是，他们的以天下为己任，他们的先天下之忧而忧，与其说那是西方自由主义者的胸襟，更不如说是历代儒者向来的怀抱。这怀抱，不管你喜不喜欢，都已深入到华人世界大多数文化人的基因里。儒家的基因，其实遍在四处。我在这帧照片里，看到了儒家的殊胜，也看到了儒者的局限。

昔日墨者"日夜不休，以自苦为极"，因刻苦太过，苦相太甚，遂骤然而衰。而儒者越是后代，也越露苦相，与庶民百姓扞隔渐深，遂成陌路。儒者兀自正心诚意，兀自天下国家，总之，世人听不进他们说话；不是道理不对，而是感觉不好。至此田地，儒家就难免也走上衰落之途。儒者的苦相，宋儒当然推波助澜最甚；但是，早在当年孔子新逝，儒者这种样貌，就已庶几成形了。

众所皆知，《论语》的编纂，是得力于孔子晚年那班弟子，譬如有若、子夏、曾参。较诸孔子，他们都小了四十几岁，这在古代，等于差了两辈；再加上个性都笃实忠厚，规规矩矩，绝不造次，因此，他们都极度仰望孔子，甚至过度仰望，进而将孔子的一切都作胜义解。作胜义解，就难如实；甚且，他们都还可能进行着片面性的解读。因为，他们虽然笃实，但不雄大；他们都很规矩，却缺乏打开局面的豁然大气。于是，他们可以掌握孔子严正的一面；然而，对于孔子开豁的那面，却根本就无法相应。既不相应，又从何如实道来呢？

他们对孔子，真是不胜孺慕。孔子死后，因为有若长相颇肖孔子，这群门人竟然就拱有若为师，事之如早先事孔子一般，以解孺慕之情。可怪的是，这个有若，竟也没拒绝。两造之间，这孺慕之情，固然令人动容；但此孺慕之举，却委实使人诧异。孺慕之情，不可谓不好；但这般不胜孺慕，却很不健康，着实荒唐。这里头，有种耽溺。

这耽溺，也见诸子夏。子夏位列十哲，是孔门高弟；后世儒家之传播，他居功厥伟；后世儒者之性格，他也关键甚深。但是，子夏"规模狭隘"（朱熹语），孔子在世，就曾当面告诫他，"汝为君子儒，无为小人儒"，盖其气度格局皆有不足也。子夏晚年丧子，哭之失明。丧子之痛，当然可悯；然哭之失明，却分明溺情太过。因为有种种耽溺，所以凡事打不开，破不了；儒者的困境，儒者的天堑，岂偶然哉？

再好的事情，若是溺于其中，都会渐渐异化，终成灾难。礼教如此，孝道亦是如此。曾参大孝，名闻天下；一回，他在瓜田，不慎斩断苗根，父亲曾皙大怒，当下便执粗棍，将他一棒打昏，曾参"仆地而不知人，久之"。待他醒来，"欣然而起"，先去问候父亲，有无因打他而疼痛？再退回房间，"援琴而歌，欲令曾皙而闻之，知其体康也"。

这样的曾参，真是无比贴心、孝顺非常。然而，早在当年，曾参这孝行，孔子就"闻之而怒"；曾参这孝子，孔子便严词呵斥。何以哉？孔子明白，再伟大的事儿，都不能像曾参这种耽溺法。可惜的是，偏偏有若、子夏、曾参这班"传法弟子"，个个都耽溺。孔子死后，他们不仅编纂《论语》，且又授徒讲学；既掌控了话语权，也拥有了诠释权。他们严肃，富热忱；他们宣扬孔子，也型塑儒者之性格。儒者特重忧患，这忧患意识，曾参可谓极致："曾子有疾，召门弟子曰，"启予足！启予手！《诗》云，'战战兢兢，如临深渊，如履薄冰。'而今而后，吾知免夫！小子！"

曾参这样貌，极度庄严，沁入后儒的文化基因也极深。后儒所标举的孔子，其实是曾参等人诠释后的孔子。曾参极严肃，整个人都是紧的，但孔子不然，孔子松沉，如唐代古琴般松沉。孔子不会紧绷着，不会老是苦着一张脸；他固然严正，但是没有苦相；他虽饱经忧患，却一身清朗；"其为人也，发愤忘食，乐以忘忧"。这"乐以忘忧"的老者，若听了范仲淹那名句，说不定，他会颔首称是，然后，再莞尔笑道，你也可以先天下之乐而乐呀！

第二卷

五十而知天命

——得失成败，俱成全

> 子曰："吾十有五而志于学，三十而立，四十而
> 不惑，五十而知天命，六十而耳顺，七十而从心所
> 欲，不逾矩。"
>
> ——《论语·为政》

十几年前演讲，座中有客提问，"五十而知天命"。
我笑着说，这是孔子年逾七十，谈他五十之心境；可这
岁数，我都还没到呢！现在来说"知天命"，恐怕也就想
象多于体会了；我姑妄言之，大家就姑妄听之吧！

天命，一是限制，二是成全。有限制，才有成全。

先谈"十五而志于学"。年少时，人贵有志。其志辽
辽，其愿未央，这是青春之最可感激处。青衿之志，不
必具体，也不用明白；有些浑沌，甚至有些糊涂，那才

好。但凡精神饱满，生气昂扬，有胸罗天下之襟抱，这般气宇轩昂，这样志气清坚，就已然不负少年头了！

志气清坚，是孔子常说的"兴"字。早晨初起，眼前的一天，还没打算做些什么，满满的却有一份朝气，这就是"兴"。禅僧说，"日日是好日"；他们最能得个"兴"字，所以人人精神，个个抖擞。这般带着些浑沌，却又处处蕴含着生机，也是中国诗歌真正的境界。故孔子说，"兴于《诗》"。

"兴于诗"，接着是，"立于礼"。花事虽好，但不管春光如何烂漫，如何无边无尽，都仍得有个收束，来日方能结果。青春的浑沌，年少的志气辽辽，那是蓄势待发，仿佛眼前有桩大事；但酝酿足了，蓄藏够了，真要出发上路，就得方向明确，格局清晰。于是，《诗》之后，要有礼；兴之后，得有立；因此，"十五而志于学"之后，孔子说，"三十而立"。

确立了，方向定了，就该上路了。但，走着走着，颇有挫折，屡屡困顿。始料未及呀！境界一旦现前，原先的方向，忽起了彷徨；原本的信心，竟也开始动摇。敢莫有些事情，其实没搞清楚？敢莫对于自己，也没真弄明白？一次次生命状况，引来一回回困惑；但，这未尝不好；小疑小悟，大疑大悟；有了疑情，才可能有后来的不惑。禅家又言，"一日有一日的领会，十年有十年的风光。"于是，又十年，孔子这风光，自道是，"四十而不惑"。

待困惑一一廓除，随着年岁增长，却更明白，许多的事儿，前头都横亘着一座座大山；难以翻越，难以撼动；倾一己之力，真能所为者，其实，都极其有限。这有限，固因人之自身必然侷限重重，亦因时代环境定是限制层层，更因天命浩荡委实难料。

天道幽微，天意难测。世间之事，成与不成，常常是一发引千钧；不成，固是天意；若成，实也天幸。万事俱备，总欠东风；唤来了东风，孔明岂不知，这是借天之力，侥幸哪！游嬉天人之际如孔明，比谁都清楚，什么是天心，什么是人意；他最明白，"谋事在人，成事在天。"于是，他的鞠躬尽瘁、死而后已，不过尽尽人事罢了：成或不成，天命存焉。同样地，五十都好多了，孔子周游列国，从此悠悠十余载，那仆仆风尘，那历尽险阻，也不过是对礼乐文明表表心意罢了！已然知天命的他，这一路风尘，其实，多多少少，是明知故犯！

生命的一座座大山，个中的一重重限制，若真切体会，如实感得，那么，人会谦卑，生命也会聚焦。业师林谷芳先生曾言，"明了自己的有限性，才可发挥一己的有效性。"自身的局限，外在的限制，若真明白了，人就不会穷酸寒碜，也不会怨天尤人，更不会妄作轻为。如果不虚掷于自怜自叹，不随意轻举妄动，这意味着，但凡出手，就更可能，一击必杀。换言之，明白了限制，也聚焦了能量。一旦聚焦，于是，人真能所为者，虽说不多，却也不少；无需自我膨胀，但也无庸妄自菲薄。所谓天命，正是这如如实实的不多也不少；说穿了，是李白说的，天生我才，必有用。

世间之事，譬如下棋，总开疆于层层阻碍中，总辟土于重重限制里。有限制，才有成全；越大的限制，常常成就了越大的可能。当年苏轼因诗入狱，几濒于死，而后，一路贬谪，灾厄历尽。但是，这灾厄中，东坡"幅巾芒屩，与田父野老相从溪谷之间"，平淡天然，如实领略。于是，这种种灾厄，竟成就了一个更雄阔、更旷视古今的东坡居士。同样地，五十好多的孔子周游列国从此十余载的仆仆风尘与艰难险阻，敢莫，也是天意耶？也是天要成全他吗？是的，得失成败，俱成全！天命如此浩荡，但真能成全什么，也端视你我领受多少了！

十五志于学

——也谈"生涯规划"

孔子自叙，年少之时，他"志于学"；年长之后，则"志于道"。现代人不言"志"，只谈"生涯规划"。

"生涯规划"，看似与"志"相仿；其实，完全两样。

现在年轻人，普遍无志；问题症结，不在他们，在成人世界。成人造作的物化社会，无可欣喜；你要他们，如何有志？

志气，近于浑沌，必是感兴的。一如《西游记》那块灵石，受天真地秀、日精月华，感之既久，遂一进而出那只石猴；才学爬学走，石猴便拜了四方。他四方礼拜，是对天地有敬意；更是这世界实在新鲜、饶富兴味；这孙行者，可谓有志。志气向来讲不明，却明明白白开向一个可欣喜的未来；志气向来说不清，却清清楚楚指向一个可感兴的未知。

志气如诗。好的时代里，年少之人，各有其志；而少年十五、二十时，也人人皆可是诗人。诗主感，又主兴；孔子说，"兴于《诗》"。诗向来也讲不明，说不清；现在学校教授古诗，为图方便，硬是逐句翻译成大白话：说是教学，其实是造孽。他们把学生仅剩的感悟能力，也将扼杀殆尽。

诗，是透过文字，与天地精神相往来；诗，是通过文字，与人世风景相映照。诗是孔子说的"思无邪"，是日月光华照见天地万物，历然爽豁，俱生好意。诗是年少的志气满满。青衿之志，贵在昂扬，贵在饱满；即便稍稍过当，即便恣纵无涯，都无碍于那厚实底气。年少青春，有此深厚底气，好比盘缠殷实，往后的人生，便可"走尽天涯，歌尽桃花"。

"走尽天涯，歌尽桃花"，这般且吟且啸、且歌且谣，完全迥异于今日所言的"生涯规划"。"生涯规划"之为恶，正在于完全没有诗情。年少时代，无有诗情，何言青春？无有诗情，何言志气？"生涯规划"，是标准化社会的产物，明确清晰，像张工程图；人但凡按部就班，就能达成"目的"，成为一个标准产品。"生涯规划"之人生，如生产线。此时此地，装零件；彼时彼地，钉螺丝；传送至末了，装配完毕，但生命也成乌有。虽然即将乌有，这物化社会仍因利之所在，透过各种讯息，以不连累他人为名，劝你尽早再做个"规划"，所谓"生前契约"。

这条生产线上，人人依照相仿的"进度"，按部就班，循序渐进。通常，开头是用功读书，考好学校；不用功也行，总之找好工作，努力赚钱，设法理财；然后购车、买房、养保险，最后，再来个"生前契约"吧！如此这般，赚钱、退休、养老，如果人生只剩如此，真是不要也罢！休怪年轻人无感无兴，也休怪年轻人不知志气为何物。毕竟，除了这一份份的"生涯规划"，我们成人世界，到底还能给他们什么？又能教给他们什么？

孔子的时代，重重忧患；但他那时，满满志气。他十五志于学，而后志于道，到了晚年，还动辄问对门人，"盍各言尔志？"千百年后，孔子若是地下有知，当仍愿意召唤今日年少者：甩开那劳什子的"生涯规划"吧！来吧！说说你的志向，老夫爱听呢！

祭神如神在
——宗教心与诗情

祭如在，祭神如神在。

——《论语·八佾》

祭，一是宗教心；另一，则是诗心。

最高位阶的祭，是祭天。北京有天坛，是天子祭天处；祭祀前，天子须斋戒，须沐浴；祭祀时，天子则须神志清明，惟虔惟诚。

民间也祭天，除了正月初九，台湾乡下的婚礼，至今犹多祭天，曰，拜天公。

二十几年前，我结婚，也拜天公。祭拜前，全身沐浴，衣物全新。祭拜时，堂上华烛高烧，堂外灯火通明。供桌上肴馔丰盛，荤素俱齐；廊外另备大桌，供有猪、羊、鸡三牲（以前民间感念农事劳苦，不忍吃牛，遂以鸡代牛）。时辰踏正，子时方到，奏唢呐、伴锣鼓，而后三跪九叩。旁有道士诵读疏文，祝祷上天；后有傀儡戏演，乐通天人。此戏辍演停歇时，则用头巾蒙住戏偶，以示戒慎。此戏，民间唤为"嘉礼"戏。

冬日子夜，寒气侵人，那回，行礼久跪，膝盖有些发疼，但耳边厢一片戏乐与祝祷声中，我持香长跪，竟也心思清明，惟虔惟诚。眼前香烟袅袅，堂前祖先神位，顶上则是阔寥穹苍，无边亦无际；我唯一念悠悠，但觉天地人俱在现前；尽管区区，但我这人生，也着实庄严。

人虽六尺之躯，亦足与大化相融；生年虽不满百，却可绵亘古今，甚至无古亦无今。宗教心，使人虽然有限，亦可无限。祭，是宗教心的礼乐风景。

祭，除了宗教心，也是诗心。

诗心，可成宗教之美，可济宗教之失。宗教使人无限，信仰使人饱满；但宗教心若过于炽烈，过度咬死，稍一不慎，都难免落入巫魇，心神反更颠倒。魔与神，每每只是一线之隔。最深的罪孽，总伴随最神圣之名；最彻底的疯狂，也常起因于最伟大的事物。于是，史上多少回的战争，以宗教之名，却招致了最酷虐的杀戮与迫害。

因此，中国历代，屡禁淫祠，屡戒淫祀。祭祀再好，仍不可过度；祭祀再良善，亦不该太甚。祭祀之事，终归于一份平常之心，最忌说得过实，更忌咬得太死。西方一神论宗教之所以流弊既深且酷，总源于他们把神说得太实了。中国文明，是孔子说的，"祭如在，祭神如神在"：这个"如"字，实若虚，有若无，故与诗最可相通。诗在虚实之间，言语寥寥，意思满满；诗于有无之际，风吹花开，光景无穷。

　　正因这份诗心，于是中国古代也祭花神，也祭山神，更祭岁时节气。这份诗心，今在大陆，几已断绝；而在台湾民间，仍大致完好；至于日本，则最有丰姿。"礼失求诸野"，日本的四时祭祀，最得诗心之全之美；有此岁时祭仪，佳气可生山川，良辰俱在四时；通过祭祀，人于天地自然，不仅可敬，更有可亲。

　　上回中秋，天刚新晴，虽然月上东山，却仍有薄云遮掩，月光只在隐约之间。我一家五口，备桌供月，除了文旦与月饼，唯人手清香一炷；遥望天际，溶溶云月，虽无甚祝祷，但觉天清地宁。侧着头，我瞅了一旁三个小孩，脸上的素净，其清简虔敬，想来，也该是千百年来我们祖先致祭时的神情吧！

知其不可而为之

——孔子的明知故犯

> 子路宿于石门。晨门曰："奚自?"子路曰："自
> 孔氏。"曰："是知其不可而为之者与?"
>
> ——《论语·宪问》

《论语》里头,与孔子相闻问者,多有各色各样之人物。其中,颇有名不见经传者,譬如,有个"晨门"。"晨门",当然并非姓晨名门;这姑且名之的称呼,类似我们常说的"卖菜阿姨""出租车师傅";大概就是子路清晨遇到的城门警卫吧!

这"晨门",让人想起《史记》里头的郦食其。郦食其,未遇刘邦之前,六十好几,还在陈留县的高阳这小地方当个"里监门吏"。"里监门吏",职务甚卑甚微,因此,《史记》说郦食其"家贫落魄"。但是,尽管家贫,

尽管落魄，郦老先生却一径地思路明晰，神清气爽。这个"晨门"，也大约相仿。两人地位，同属卑微；然而，他们二人，均是高手。

秦末大乱，豪杰四起。郦食其在高阳乡野之处，静静打量过往的起兵群雄。他一个个看，又一个个摇头。唯独刘邦，郦食其一眼看出，此人气度之大、心量之广，实非寻常，来日，定可成就大事。同样地，更早的两百多年前，那位"晨门"，大概也是如此静观世局，谁起谁落，孰高孰低，古今多少事，都付笑谈中！

于是，这天清早，子路在石门刚住了一宿，"晨门"问他来自何处？子路回答，自孔氏而来；这"晨门"一听，淡然接腔，噢，是那个"知其不可而为之"的孔氏吧?!

是的，就如此乡野之人，如此淡然之言，寥然一句，"知其不可而为之"，后世却传颂了两千余年。这传颂，不单因为《论语》编入了这句话；更是因为，世人喜用此言以概括孔子；也更因为，后代读书之人，在进退之间，在得失之际，常用此言自况，也常用此句来自述襟怀。

儒者胸怀天下，总有澄清之志；知识分子忧国忧民，也常以天下兴亡为己任。凡此襟抱，诚然可佩；但这淑世理想，既然宏大，又如此高远，就难免会有落空，更难免会有失望。从春秋战国，以至当代，整个读书人的历史，几乎就是一部落空与失望的历史。即便许多位居要津，动见观瞻，事业上似乎春风得意之人，若真正盱衡现实与一己心志，其实，仍不免多有感叹；外表看来再如何繁华，总难掩他内心深处的一丝落寞。于是，不管是达是穷，在落空之际，在失望之余，对每个读书人而言，如何自处，如何自我定位，这生命的考验，才算真正开始。换言之，有此逆境，有此不如意，那么，一生之修为，至此，才见真章。

许多人年轻时，遭困遇蹇，有愤懑，有不平；但隔阵子，多半又重新来过，埋着头，又一腔赤诚，又虎虎生风了。不管是生理或心理，但凡年轻，修复能力多半强大。但年纪一大，譬如四十，譬如五十，如果，仍屡遭挫折，如果，仍一事无成，那么，应该如何？少年之远图，青衿之大志，虽说未必全然幻灭，但终是日渐杳然，那么，又该如何？这时，所谓"中年危机"，许多意气风发的热血青年，经此一转，常常变成消沉自怜的愤世嫉俗者；昔日的英气，变成了今日的戾气；年少的慷慨激昂，也坠落成一身的怒气与酸气。年轻时，越是自期"理想主义"，中年之后，就越容易堕入"虚无主义"。

即便没有愤世嫉俗，也常常是玩物丧志。在疏隔于儒释道三家的今日，知识分子在起落之间，更显得步伐踉跄；在得失之际，也格外茫然。于是，我们就看到了各种中年"愤青"，也看到了眉头紧蹙的愤怒老年。于是，我们清楚看到，这时代知识分子的窘困。

孔子不然。孔子自言四十而不惑，五十而知天命；对于人生的起落，他是有着极明晰极朗然的观照。成也好，败也行，总之，心里是明白的。真正说来，一己之局限，时代之制约，到了这把年纪，又岂不心中了然？当然，他念念不忘行道于今日，他耿耿于怀礼乐之重建，但是，真能做到什么程度，自己心头，又岂能没谱？正因心头有谱，于是，他才要明知故犯！都五六十好几了，他一身清澈，却不避锋芒；他明知不可，却要为之。于是，他远眺前方，尽管有晦暗迷蒙；他举目四望，也难免一片苍茫；但是，正因如此，他偏要试它一试。因为，他知天命。

知天命？

孔子平日谦恭。应对世人，他温良恭俭让；对于上天，他柔巽温婉。自道，"君子有三畏：畏天命，畏大人，畏圣人之言"；又道，"不怨天，不尤人。"如此寅畏，如此温婉，真是恂恂然君子人也！这么一派柔顺，正是他在《系辞》里说的，"后天而奉天时"。

然而，孔子另有一面。他是个峻烈之人。夹谷之会，齐国存心羞辱，以优倡侏儒戏侮鲁君；孔子一看，不仅厉声喝止，更马上奏请诛杀，结果，"有司加法焉"，当下，那优倡侏儒"手足异处"。这半点不客气也带着杀气的孔子，日后还在匡地受围，众弟子信心动摇，惊慌疑惧，他老先生则高声言道，"天之未丧斯文也，匡人其如予何？"这话当然有些自壮胆气，但其实更透着孔子的自信与气魄；其严峻与强悍，似乎，连上天，都得让他三分。这样的孔子，则是《系辞》里另说的，"先天而天弗违"。

一个人既知"后天而奉天时"，又能"先天而天弗违"；对于上天，既听话，又反逆；此之谓，知天命。

知天命的孔子，游嬉于天人，婉顺而峻烈。因此，他最知礼，却屡屡犯礼。他受学生爱戴，又常被学生质疑。他无可，又无不可。他满身挫折，却也最有成就。周游列国十余载，诸侯想用他，却又忌惮他。南子喜欢他，弟子却因此不满他。孔子曾一身富贵，也曾累累然若丧家之犬。华北大地的漫天黄沙中，他虽仆仆风尘，却沿途仍多有言笑。他屡遭险厄，几度生命之危，也还弦歌不辍。这一路上，有人笑他，有人劝他，有人心疼他。但是，最了解他的，或许，正是那乡野处的高人，那位"晨门"。

"知其不可而为之"，这话其实淡然。孔子再怎么明知不可却偏为之，又怎么明知故犯，以他此等清朗之人，在内心深处，终无世俗想象的那么悲苦，也没有那么沉重。以孔子的无可无不可，以他为人之松沉宽豁，更不可能会有后儒常犯的那种拗执。是的，"知其不可而为之"，前头的路，果真迢遥；但这位五六十好几的老者，尽管眼前多有晦暗，多有迷蒙，但在他的心头，终究有着最根柢的风日和暖，更有着最广阔的，天清地宁。这才是孔子。

松柏之后凋

——从梅花谈起

子曰："岁寒，然后知松柏之后凋也。"

——《论语·子罕》

今日受西方影响，社会尽管物量满塞，世人生活却普遍无趣。有人但见树木成林，要不，开始度量经济资源；要不，便着手计算芬多精。他们才行路登山，常常既不四处游赏，也不八方纵览，更不谛听天籁，只一心一意执着于热量之消耗，斤斤计较于甩掉了多少卡路里。他们平常，是连月亮也不看；即使中秋，为了应景，抬头匆匆一望，但也仅止于如此匆匆一望；因为，他们看了月亮，也没感觉，只好赶紧，又继续盯着炭火上的烤肉。

古人不然。古人对于天地万物，感受多，领会深。

因此，古人的世界，有情意，有风景，确实比今人有趣得多。于是，孔子说松柏后凋，后人则言"岁寒三友"松竹梅，历来则又说，梅兰竹菊合称"四君子"。

在中国文明里，山河大地，尽是法身。人法地，地法天，天法道，道法自然。人与万物，宾主历然；天地山川，不只是物质性的天地山川；林木花草，也从来不只是科学意义下的植物。不管是梅兰竹菊，抑或后凋之松柏，在有情世界里，都让人可以观，更可以兴。兴，使人有志；兴，使人精神饱满；兴，使人气象一新。

2011年，拙著在北京出版之前，关于封面，我曾征询老友陈俊光之意。他看罢草图，觉得图中那株红梅不妥，太艳，不够清雅；若换成幽兰，当更恰当；于是，便寄了八大山人以及郑思肖各一幅兰花，供我参考。

兰花，当然好。

向来，孔子与兰花的意象，联结最深。古琴曲《幽兰》，声名烜赫，常说是抒写孔子怀才不遇之情；后代儒者，援引蔡邕之说法，言当年孔子不得重用，自卫返鲁，途中见幽谷之兰，杂处于野草堆中，遂喟叹贤德之人竟与鄙夫为伍；于是，成《幽兰》一曲。

这说法，真假不论；但更切近的，恐怕是蔡邕自己，以及，历代的许多儒者。向来，儒者容易自伤，文人容易自怜；儒者易迂，文人易酸。至于孔子，他当然多有感慨，也多有嗟叹，但是，这毕竟不同于自怜自伤。他的伤麟嗟凤，重点是道之不行，是礼崩乐坏；至于幽兰杂于荒芜，又一己与何人为伍云云，这种对自身际遇之伤怜，毕竟窄隘，实不相侔于孔子的气象万千。

虽说如此，我仍是觉得"幽兰"好。

空谷幽兰，其实，别于蔡邕此说，更可以是兰自兰，芜自芜，物各付物，两不相碍。四周皆是芜杂荒草也好，尽都奇花异卉也罢，总之，幽兰寂寂自谢，又寂寂自开；不以无人而不芳，不因无视而不妍。"幽兰"之所以为"幽兰"，可以是，天地之间，只此一株；也可以是，有人有我，人我皆好。

这样的"幽兰"，固可说孔子的"和而不同"，更可说"一箪食，一瓢饮"那颜回的"不改其乐"。颜回静定安然，不动如如，其清雅，其幽然，时时刻刻都有个真正的自己。有真正的自己，所以，人不堪其忧，他照样不改其乐；有真正的自己，所以，他不以物喜，不以己悲。蔡邕的"幽兰"，毕竟太多"己悲"。"空山松子落，幽人应未眠"，颜回一身静气，他是中国文明第一等"幽人"。

"幽兰"的这种寂然，这种本来无一物，最最合适于颜回；至于孔子，当然合宜；但是，孔子另有其他面向。所以，我想到了红梅。

封面最初的想法，"孔子随喜"四字集于汉隶"石门颂"，因封面右半的集字，是碑之形式，故一片墨黑，为求画面色彩之平衡，因此左下方横斜而出一株红梅。这红梅喜气、清艳，且带着富贵之气；这看似突兀，与一般想法不甚相侔，但其实，这与孔子正是相合。

孔子素富贵，行乎富贵；他"食不厌精，脍不厌细"。他固然疼爱"一箪食，一瓢饮"的颜回，但也喜欢那一身富贵的门人子贡。孔子不只是清，还带着艳；他有人世的热闹，有人间的喜庆，还有吟吟笑语。幽兰之清雅，固得孔子之一面；但孔子之全体，则更似于这株明艳之红梅。

除了红梅的喜气与清艳，更要紧的是，梅花，它独占一枝春。昔人有诗："梅须逊雪三分白，雪却输梅一段香。"台湾平地无雪，但这回冬寒，二十年来仅见；此番彻骨之寒，遂有梅花奋然盛开。那日，偕妻小在池上山坡上看梅，寒风凛冽中，唯见枝柯摇曳，一树梅花千万朵，朵朵精神抖擞，朵朵生气盎然。那隆冬之际，万物萧索，一片瑟缩，梅花却暗香浮动，丰姿独具；寒气冷冽中，梅花，独占一枝春。

我读孔子，也同样特别留意那位行于凛冽寒风中的老者。我心仪他的屡经颠踬，却始终神清气爽；我佩服他的屡遭挫折，还依然昂首阔步。他周游列国十四载，几度生命之危，几次落魄受困。每当孔子狼狈不堪时，我都不禁眼睛为之一亮，很想仔细看他如何应对。待我这番观瞧之后，老实说，尤其在这种危困境地，孔子实在鲜有后儒的伤怜之气；他这等时刻的堂堂大气，每每令我心惊。

我一直认为，孔子有别于后代儒者；儒者知常而不知变，善守成而拙新始；但是，孔子不然。他在逆境变局中的那种精神抖擞，无有半点苦相，就远非后儒可及。他在危难中展现的丰姿，着实动人。他又言必称好古，更是全然针对他身处之时代；他的抗议能量，他的壮怀激烈，全藏在"古之人、古之人"之中。他是项庄舞剑，意在沛公。"周虽旧邦，其命维新"，这说的是周，当然也可以说孔子。我读孔子，格外留心他的开创性，还特别留意他的活泼大气；而我看梅花，则看那一身傲骨，更看那枝杈花朵之中，有个新的节气。

那年冬日，冰雪寒冻，一片萧漠寂寥；在灰扑扑暗沉沉的大地里，孔子望了望那仅见苍绿的老松与古柏，凝视了好一会儿，似有所感，更有所思，遂留下澹然如偈的句子，"岁寒，然后知松柏之后凋也。"而后，岁岁年年，冰天雪地冱寒彻骨之际，松柏兀自常青，梅花也自开自香，好不精神，好不兴高采烈。直至四十几年前，批孔扬秦，孔家店砸碎砸烂，一片肃杀之气，好不阴风惨惨！后来，我去曲阜，看孔林里的孔子墓碑，当年敲碎击毁，至今裂痕历历。但是，尽管如此，孔庙孔林那海似的苍苍古柏，却至今巍峨；不论圆柏、侧柏，不管宋柏、唐柏、汉柏，尽皆巍巍挺立，丰姿弥新。恰如这片海似的古柏之林，多年之后，是牛陇菲先生说的，那真实之孔子，"任你嚣嚣、任你呶呶，我自巍巍、我自悠悠"。在今年(2011)年初，数九隆冬之际，台湾平地梅花盛开之时，孔子那九米五的塑像矗立在天安门广场，双手合于胸前，远眺着前方。塑像矗立之时，再过几天，便是立春，就是春节，那又要一元复始、万象更新了。这可真是，独占一枝春。再看看孔子，尽管外头寒气逼人，尽管四周风霜雨雪，但一如那摇曳的梅枝，他老人家巍巍悠悠，带着笑意，可精神呢！

可谓好学

——调弦转轴，一切归零

子曰："君子食无求饱，居无求安，敏于事而慎于言，就有道而正焉，可谓好学也已。"

——《论语·学而》

谈孔子之"学"，必及"悦""乐"二字；而论孔子的"好学"，首先，就要先体会他的元气饱满。

读过《乡党》篇，大家清楚，孔子对于吃食之事，其实在行。他不仅深谙饮食之礼，且一食一饮，都能深识个中滋味，甚至会让人误以为他是个美食家。然而，如此深识饮食的孔子，却又说，"食无求饱"，这岂不怪哉？

这乍看的矛盾，其实，只是孔子的有余。孔子因为元气饱满，故多有余裕；遂可既能讲究，又可"食无求饱"；既深辨其味，又甘于粗茶淡饭；虽颇在行，却可不萦于心。那回，他不是又得意地说自己是"发愤忘食，乐以忘忧"吗？哎呀，看那表情，可神气呢！

这神气的孔子在发愤什么？在乐什么？用《论语》的话，两个字，学道；若是现在，则说，修行。孔子发愤忘食地学来学去，所言之学，都和修行脱离不了干系；这正与今日所谓学问，最是不同。今日学院，做的是抽象学问，与修行是没有关系的。

孔子的学，因为结合修行，所以他最大的学问，就是他生命的自身。人比学问大，人比议论真。于是，我们读《论语》，可以不为了吸取任何知识，也不为了学院强调的哲学思想，就只纯然关心孔子与他那班弟子做了些什么事而又说了些什么话，甚至，我们只是更直接地去感觉，感觉他们的生命质地与其展现出来的生命气象。于是，相逢相睹、相映相照，我们读《论语》，如闻謦欬，读着读着，胸臆之间，顿时清朗许多；身上的诸多浊气、原来的种种不清不爽，似乎，也都抖落了不少。

这就是好学。

所谓好学，就是抖落身上的浊气，让自己时时刻刻都能神清气爽，让自己了然分明，让自己有个好心情。

事实上，每回神浑气浊，觉得半点元气都无有，常常是别人都还没察觉到，自己就憎恶了起来。譬如上回，我一家五口，去听琴人黄永明弹琴，她为奏一曲《忆故人》，特意准备了两把明代古琴，一钢弦，一丝弦。那丝弦音色好，明琴配丝弦，真有辽辽之思。但这丝弦音量小，且不稳定，几番弹奏着，我们都还没察觉，只见永明眉头一蹙，赶紧又调弦转轴，校正了起来。一会儿，调准了，音也正了，她又专注在《忆故人》的幽思跌宕里，脸上还有着一抹澹然的欣喜。

孔子的好学，大概也就如同这音色蕴藉的丝弦明琴吧！从幼至长而到老，孔子所谓好学，其实就是不断地调弦转轴。在这调弦转轴中，一切归零，一切新发于硎，亮霍霍的！"苟日新，日日新，又日新"，孔子的好学，是让每个日子都透出了新鲜味，都有光亮，都能元气满满！

尔爱其羊，我爱其礼

——从祭祀烧纸钱谈起

> 子贡欲去告朔之饩羊。子曰："赐也！尔爱其
> 羊，我爱其礼。"
>
> ——《论语·八佾》

这几年来，清明节前后，台湾的环保部门，对于民间烧纸钱一事，颇多"倡导"。"倡导"重点，无非希望：一，集中烧；二，减烧；三，最好不烧。

烧或不烧，其实无妨。

那倡导后头的心态，我却在意。

受到"西方文明"过度影响，又深陷"科学主义"迷思，台湾有些知识分子，一谈起烧纸钱，不经意就流露出轻蔑；那神情，完全就是不屑。他们动辄诋之以"迷

信"，认为，那压根是愚夫愚妇之"陋俗"。因此，他们又以"环保"为由，不仅强调，甚且夸大燃烧纸钱所制造之污染，遂进一步将之"污名化"。在此心态下，这些"有识之士"认为，唯有等"民智渐开"，"环保意识"抬头，此等"陋俗"，方可化除。

如此用心，确实良苦。

然而，他们是对的吗？

现今政府与媒体，动辄吹嘘"台湾之光"，那当然是民粹式的扯淡。然而，真要论台湾最可珍视者，那么，民间的人情厚度，确实足以为荣。这厚度，最可见者，既非年轻人，亦非上班族，更非所谓高级知识分子。大家都明白，最能体现台湾人情之美的，其实，往往是那群没受过什么"正式教育"的乡间老太太。有位姑娘，生在杭州，心系苏州，也曾说道，"苏州最美的是什么？不是园林如许的春色，是那些还健在的老太太们。"

旨哉斯言！

是的，世间之美，无甚于人情之美。台湾之美，最可见于闽南、客家老聚落里的村间老妪。她们多半没上过学，不看报纸，不碰电脑，没受太多"现代文明"之洗礼。但是，比起许多高级知识分子，她们不酸不腐，不躁不郁；她们有风日和暖，有人世静好。她们对人亲切，不隔阂；她们待人温厚，有礼敬。她们的心中，有个清平世界，有个朗朗乾坤。

这清平世界与朗朗乾坤，从何而来？当然，部分是天生地长，因为，她们长居乡下，与自然不甚脱节。更多的，则源自于从小熏染的中国文明老传统。这老传统，以儒家为根柢，融合佛道两家，又更多百姓日用而不自知的民间智慧。自古以来，尽多灾祸，尽多战乱，这老传统，依然绵亘千百年而不坠。数百年前，闽、客移民，从唐山过台湾；于是，他们传承的华夏文明，亦随之渡海来台。五四之后，当两岸知识分子都开始翻搅于欧风美雨之间，弄得自己仓仓皇皇，不得清宁之时，民间却是不然，他们依旧浸润在自家传统之中，活得滋滋润润，海晏河清。因为幸免于那一波波的政治运动，故而台湾民间至今大体完好；在那些乡间老妪身上，尤其可见五千年历史凝练而成的生命质地，最有深厚文明传统的一种安稳与信实。

这文明传统的熏染，林林总总，既有宗族邻里的万千礼仪，也有寻常往来的人情义理，亦有戏文故事里的光阴徘徊；其中，最要紧的，则是那终年不辍的四时祭仪。

民间老妪，一如百千年来，至今随着四季更迭，节气替换，总是祭祀不断。她们祭天祀地，祭神祀鬼；她们拜祖先，她们祭节气。自幼至老，她们生活之头等大事，就是这绵绵密密的祭祀。透过这些祭祀，她们对天地有感激，对历史有情感，对人世有欢喜。透过这些祭祀，她们得以安身立命，得以修炼出一身温婉而喜气的好性情。这般好性情，代代相传，于是，有了台湾民间那最动人的传统底蕴。

这传统底蕴，是台湾最雄厚的"软实力"。若无民间未曾间断的祭祀，就很难有此底蕴。古人言道，"国之大事，唯祀与戎"；除了对外作战，国家之第一等大事，就是祭祀。直至清末，天子在北京天坛祭天，都还是一心一意，唯虔唯诚。因为，自天子以至于庶人，壹是皆以修身为本；祭祀，正是这万民修身的根本。祭祀，形塑了民族之性情；比起教育，其移风易俗之效，其实更深，其实更远。孔子知礼，又尤其看重祭礼，也正是着眼于此。

可惜的是，百年来知识分子因与传统疏隔，又与民间脱节，遂将祭祀误解为落入巫魔之迷信。诚然，自古以来，朝廷屡禁淫祀；祭祀虽好，若是太过，若是太甚，也难免落入巫魇。然而，太过太甚，都只该清禊，却终不可废。祭祀一旦荒废，性情也从此难以平正。因此，近代知识分子总愤懑躁郁，总远远不如民间老妪之滋润平和。知识分子因不知祭祀，对之充满偏见，也才会在燃烧纸钱一事，大做文章。

其实，纸钱事小，祭祀事大；祭祀时，烧烧纸钱，若论污染，相较于iPhone、iPad那忽忽一变大家趋之若鹜遂不断汰换又不断制造更不断污染的那些科技产品，完全完全，只是，九牛一毛；相较于泛滥成灾的广告DM、堆积如山的低级趣味书籍、厚厚一叠的膻腥色报刊，那完全完全，更只是，沧海之一粟。区区纸钱，何足挂齿？祭祀后头的深远影响，又岂能小觑？若是成日叨念"台湾之光"，却不珍视最丰厚的精神资粮；若是放任物量的恣意膨胀，听凭资本主义的恶性发展，却坐视人心之干枯萎死，那才是完全本末倒置，果然寒碜。昔日，子贡欲去告朔之饩羊，孔子言道，"赐也！尔爱其羊，我爱其礼"，这正是告诫我们，千万莫因小失大、不识大体！凡是有心之人，都该三复斯言！

君子有三畏

——台湾人情厚度的根源

> 孔子曰："君子有三畏：畏天命，畏大人，畏圣
> 人之言。小人不知天命而不畏也，狎大人，侮圣人
> 之言。"
>
> ——《论语·季氏》

那年过年前，学姊金春枝来电，问道，春节是否到老师家拜年？若有，她想一道前往；否则，"谁敢一个人去向他老人家拜年呀?!"

"老人家"，是业师林谷芳先生。老师是个禅者，脾气大，偶尔生起气来，挺吓人。昔日禅僧，在唐宋极盛之时，也常一喝，喝得心弱气虚者，霎时魂飞魄散；林老师就有这种峻烈非常。但是，有人怕他，许多人畏他敬他，却不纯然就只因这脾气大。

有一回，老师到花莲演讲，我有个老学生前去聆听。后来，提起那天心得，她言道："好佩服坐在前头的那群人!"这回，是她头次亲睹其人，但见林老师一身抖擞，满脸精神，走到台上，才一站定，还没开口，她老远坐着，却清楚感觉到有股"气"，遂不由自主，身子又往后挪了一挪。她全场专注，却不太敢抬头往上看，说道："万一被台上的眼神扫到，那怎么办?"结论是："奇怪!坐在前面的那群人，怎么这么敢呀?!"

听罢，我笑着说："算你有眼力!"

虽说是取笑，当然，更多是称许。我这学生，平日嫉恶如仇，个性强，眼里容不了沙；然而，对于该佩服之人，倒有种少见的谦逊与柔和。听讲那天，凭其直觉，她一眼看出了前头那人的分量。她与春枝学姊，皆是懂得"三畏"之人；孔子说："君子有三畏：畏天命，畏大人，畏圣人之言。"不管平日外貌如何，但根柢说来，她们都极谦逊，极柔和；两人都知道，什么是"畏大人"。

我以前在乡下的中学教书，早先的十来年，脾气也坏；面对青春期学生，更是动辄发怒，颇有凶恶之名。而后，侧身脾气更坏、却明明白白清清楚楚的林老师门下，顿觉自身的不明不白与不清不楚，遂对自己的坏脾气，有些心虚，便开始收敛了起来。于是，离开教职前的两三年，脾气渐改，我多半慈眉善目，不打人，少骂人；通常走到讲台，才一坐定，先静静啜口茶，再眼神前后一扫，教室大概就有模样了。

后来，我让学生试卷上写毕业心得；说好话，未必加分；数落我，也未必扣分。总之，直言无讳，臧否由他。每回，总有学生在试卷上纳闷着，奇怪，我不打人又几乎最少骂人，怎么上课还是最安静?! 尤其那些平常调皮捣蛋者，怎么都突然变了个人似的。

我没解释，只嘿嘿两声，一笑带过。其实我想说，却终究没好意思说，那是，"算你们有眼力!"

没好意思，是因为，我确实没到那个斤两；真说了，自己也会觉得好笑。然而，这个中关键，其实还是，此地学生之质地，本来就算不错。虽说叛逆期，虽说难免桀傲不驯，然而，毕竟乡下小孩，根柢深厚。世人总说，乡下孩子，性情淳朴；这淳朴，说白了，就是，他们懂得敬天，他们懂得畏人。

这样的敬天畏人，系因自古至今，台湾大部分的乡下，四时祭祀，从未曾辍；亲族邻里，关系紧密；居处乡野，与自然联系亦深。于是，相较于疏离天人、过度夸大自我，成日高谈除魅却除到自己一身乖戾之气的某些现代人而言，这些学生，算得上是"耳聪目明"，也不"白目"（孔子称之为"瞽"）。因为不"瞽"，所以，即便不甚了了如我者，他们忽忽望之，也都犹知畏惮。

这样的乡下小孩，多半疏于人情世故，口笨心拙；然而，他们鲜少戾气，也不甚自以为是。时下那种不分高低、不辨深浅，动辄乱"呛"一通之事，他们做不来的。该有的分寸，他们会有。这分寸，是受家中长辈熏陶，更源自台湾民间"敬天畏人"的老传统。民间对天人的礼敬与寅畏，千说万说，其实，正是孔子所言的"三畏"，散入了千门与万户。正因这般千门万户的敬天与畏人，所以，有一代代的子弟端正而明净，也才有台湾社会人情之温厚。

两岸频繁交流以来，尤其开放自由行之后，将有日益增多的大陆朋友，会亲身感受到台湾特有的人情厚度。然而，认真说来，这样子的人情厚度，岂是偶然？这般的柔软谦逊，又哪有特殊？说穿了，那只不过是中国自古以来的老传统，古风犹存罢了！说白了，那也只因传统未曾中断，故而底蕴深厚，处处看得到中国人的本来面目罢了！

可惜的是，这三十年来，台湾自毁长城。李登辉以降，奉"民主化""国际化"之名，逐年向美国"一面倒"。教育之事，尤甚尤烈；"教改"巨蠹，烜赫张扬；百年大计，全盘"美"化。于是，传统的敬天畏人，遂成落伍，骎骎然已成腐朽；而睥睨当世，凌驾一切者，则是美国式的个人主义。从此，张狂的"科学主义"，取代了"天命寅畏"；夸大的自我与权利的伸张，也掩盖了人情义理与宽和厚道。台湾的"教育"，至此，急转直下；"教改"呼声震天，学生逐年变坏；越在城市，越受"高等教育"，年轻一代所受之荼毒，便越深不可解；所谓"敬天畏人"，早已日渐杳然。

当年在我大陆的博客上，有条留言，乍然一读，真是不禁愕然，更是不胜感慨。此位女士言道，小孩就读高中，颇有想法，不与俗同，想将他送到台湾念大学，以便"学习中华文化"。读罢留言，我一时语塞。所幸，她不甚追问，我也只好暂时回避。自忖，若再追问，若得实话实说，那么，也只能是：让他多到台湾民间看看吧！那儿，有谦逊柔和，有温润宽厚；那儿，懂得孔子说的"三畏"。至于大学，再说吧！

巽与之言

——以玩笑之姿，谈紧要之事

> 子曰："法语之言，能无从乎？改之为贵！巽与
> 之言，能无说乎？绎之为贵！说而不绎，从而不改，
> 吾末如之何也已矣！"
>
> ——《论语·子罕》

孔子常听人说话，不仅爱听，且很会听。

真到相当档次的老师，因为能量强、够通透，一说
起话，信手拈来，左右逢源，总可以滔滔不绝讲个没停。
弟子才一提问，老师就认真尽责地忙着开示，长篇大论，
好不洋洋洒洒。然而，如此宏论，虽说精彩，却仍少了
些有趣。譬如我们读《孟子》。

孔子不然。我们读《论语》，看他总在评论别人，话
不多，三言两语，就只说在点上。别人礼尚往来，对他

也多有议论；有誉有谤，有许有不许。孔子听了，时而开心，时而诧异；时而点头称是，时而笑着摇摇头；有时听了怃然，有时听罢没完，想找对方也谈一谈。

又像他尽管谦和，学生对他也敬爱有加，但他们师徒间真正你来我往之时，却也没太多客套。既有揶揄，又有调笑；有批评，有辩驳；有高分贝的质疑，也有好激动的攻击与防卫。孔门师徒，不仅形貌鲜明，且每回读到孔子被"吐槽"，我们都好开心。更要紧的是，孔子在他那层级的高手中，有极特殊的一点——他老爱鼓励学生高谈阔论，内容不拘，"盍各言尔志?"来吧，说吧，但说无妨，老夫爱听呢！

孔子爱听，也很会听，他善于听出言语间的真假虚实与个中滋味。他自道，"六十而耳顺"，这点，他挺自负；但是，也的确在行。孔子行走江湖，眼观四面，耳听八方；他憎恶"巧言令色"，不喜"论笃色庄"。因为，"令色"也好，"色庄"也罢，皆非本色；而不论"巧言"，或是"论笃"，亦非信实之言。孔子栖遑一生，耿耿何事？也不过就是盼个人有本色、言有信实罢了！

这信实之言，在孔子听来，大略两种，一是"法语之言"，正着讲；二是"巽与之言"，反着说。一正一反，一实一虚，合则两美，离则两伤。后儒只知"法言"，不识"巽言"，故而迂腐可厌。

"法言"严正平实，字字铿然有响，句句理之当然。但凡所言，皆天经地义；但凡所论，皆"能无从乎？"有了"法言"，天地可正位，人世有安稳。虽说如此，"法言"滋弊，却也最深。君不见，满嘴"法言"、一脸正经者，每每就是毫无情性、更经常便是伪善之人。此外，"法言"之弊，更可见诸"色庄论笃"之徒。"色庄论笃"者，不论卫道之士，抑或自诩正义之人，向来论事激昂，神情慷慨，尽管外表看似严正，实则不平之心太多太甚，最后，沦为一身戾气，却不自知。这等乖戾之人，向来自伤也伤人，而引为刀刃的，正是这些字句铿然的"法言"。历来最酷烈的杀戮迫害、党同伐异，哪次不是奉着最严正的"法言"？"法言"本来最真，一经异化，反成最伪。

"巽言"不然。"巽言"是以假作真，以虚作实；用假话来说更大的真实，以玩笑之姿来谈更紧要之事。《论语》比《孟子》有趣，就在于孔子的言语，有此风光，他既说反话，又笑语吟吟。

"巽言"，一可防"法言"之虚矫，二可济"法言"

之未及。向来论事，挑明了直接讲，往往无力，有时，甚且误事。于是，换个角度，拐个弯，反着讲，虽说力道内蕴，一时之间隐而未显，然一旦醒豁，反更沁人心脾。

当然，"巽言"亦有其弊。首先，这玩笑之姿，稍不拿捏，就流于放诞不经；言语一涉轻浮虚夸，很容易就"以紫乱朱"。再者，言语和悦，若是心存讨好，极轻易，便又转成了令色之"巧言"。眼下许多自认风趣幽默之人，若看不到他内在有何严正之处，就很容易在此自误误人。

若能辨明真伪虚实，那么，"巽言"最大的问题，恐怕还是孔子这里所说的：如果遇着了不知寻思、不懂玩味之人，那还有辙没辙呢？对牛弹琴，可是半点办法都没。这就好比，《论语》里头，"巽言"多有，随之处处风光，但后世儒者学了半天，孔子明明那么有趣，他们却还是那么无趣！你说，谁有辙呢？

法语之言

——霍霍新亮，砉然有响

子曰："法语之言，能无从乎？改之为贵！巽与之言，能无说乎？绎之为贵！说而不绎，从而不改，吾末如之何也已矣！"

——《论语·子罕》

这个时代，我们需不需要"法语之言"？

"法语之言"，如仁义道德，原都清楚明白，毋庸置疑；但过度强调，却又容易成为教条，轻易变成陈腔滥调，更转成以理杀人。尽管如此，一个时代，却不能没有"法言"。若无严正之"法言"，若无一种安稳信实，那么，这时代会倒塌。一个时代，如果综艺节目的轻薄搞笑，已成为语言的时尚；如果政论节目的浮夸虚矫，已成了语言的主流，那么，人将轻如飞絮，漂似浮萍。搞笑轻薄久了，将发现自己不知为何，心里空空的，渐渐笑不起来了；浮夸虚矫久了，也会开始感觉不对劲，旁边的人好像越来越陌生，越来越不真实，甚至都有点搞不清楚自己是谁了。一个不知"法言"为何物的时代，忧郁症，蔓延着；虚无主义，笼罩着。

来说孔子吧！他是个离忧郁、离虚无，都极远极远的汉子。说汉子，是因为，我不觉得他真像后儒及政治权威所说的那么伟大，但是，我佩服他。认真说来，孔子是个连志向都谈不上伟大的人；相较于佛陀誓愿的无边无尽，耶稣另建天国的凝望远眺，孔子之志向，实在淡泊，实在卑之无甚高论。孔子言志，"老者安之，朋友信之，少者怀之"，半点都不伟大，他期盼的，不过就是岁月静好，一个安稳信实的人世罢了！

这难吗？其实不难！孔子憧憬的礼乐治世，已然杳渺，就且不说；但即便是明清后世，在京戏里、在小说里，我们仍然清晰可见，确实有着这么一个安稳信实的悠悠人世。也不提古代，就说四五十年前，许多人都亲经亲历的台湾民间吧！当时古风犹存，虽说不尽全然，但总仍有七八分的信实安稳。彼时，脱离了贫穷，但还不算富裕，双薪家庭尚少，忙迫终日无暇家顾的父母也不多，托儿所还不怎么普遍，老人安养院更是寥寥。然而，当时鲜少有独居老人，虐童之事也罕有所闻。今昔对照，当时的老人，比现今有尊严；当时的小孩，比现在有童年。而当时生活的安稳感，也恐非焦灼彷徨的今日所能相比；至于朋友之间，当时普遍的信实之风，更令今日有心之人多有感慨。

当时，还有"法言"。学校里人伦之教，虽多迂执，但仍深烙人心：纵然多少流于形式，也还是给了台湾年长一辈直至今日做人的一份底气。至于民间，看似驳杂，实多礼义；人情义理，从来就只是生活之寻常；乡下祭祀，四时不辍，传统的敬天畏人，也未曾稍断；闾阎之间，做人更得多有讲究，总唯恐落人一个口实，人"言"可畏哪！这人"言"之可畏，固然可能是说三道四的流言殃及了无辜，但更多是"法言"的威力让人世有了更深邃的安稳与信实。

而今天的"法言"呢？校园里，集会宣导，都些什么？"反毒""防艾滋""防性侵"。制法越多，规定越细，学校宣导就日益频繁。于是，现今学校，"反"个不停，"防"个没完。结果呢？学生最清楚。他们说了：宣导？越宣越"倒"；反毒？越"反"越"毒"；对毒品本没兴趣，听久了，反而好奇，倒想试试！这种吊诡，校长老师又岂是不知？但是，一个没有"法言"的时代里，他们又能如何？装聋作哑罢了！

　　学校教育的败坏，向来先于民间。但现今民间呢？随着台湾民主的深化，名嘴式的蓝绿谩骂，政治立场的党同伐异，似乎早已占满街谈巷议；随着台湾社会的物化，综艺式的时尚八卦，也垄断媒体，蔚为全民话题。除此之外，还谈什么？那些层出不穷的"台湾之光"吗？这催眠似的，除了暂时填补空虚之外，扯淡罢了！那么，再除此之外，我们这个时代，还有多少信实之言呢？

　　有的，其实还是有的。在你我许多人的心里，许多的"法言"，都还鲜活地存在着，完全不迂腐，半点都不是教条。那是做人的根本，更是文明的根柢记忆，拔不掉的。"法言"只需涤洗，不可荒废；只能注入新意，不该连根拔起。"法言"，譬如刀刃，纵使时日已久，但需新发于硎，又可霍霍新亮，恚然有响。

　　正因如此，在这忧郁蔓延、虚无笼罩的时代里，看似杳渺的孔子，却可与我们最亲，与我们最近。我们回头再看那汉子，再读那清朗严正的孔子，或许，他的胸无大志，他的卑之无甚高论，他淡泊的"法语之言"，会让我们对于一个信实安稳的人世，不仅仅只是对过往的缅怀，那更可以是，我们对未来的一份期待。

有颜回者好学

——被曲解的颜回

> 哀公问："弟子孰为好学?"孔子对曰:"有颜回者好学，不迁怒，不贰过。不幸短命死矣，今也则亡，未闻好学者也。"
>
> ——《论语·雍也》

颜回的好学，只有他老师孔子可以相提并论。在同侪中，他不是比较级，而是最高级。

的确，颜回独一无二，是孔门第一人。然而，在当代社会里，颜回在孔门高弟中，所受的曲解，也是第一人，独一无二。

二零一零年年初，电影《孔子》煊赫上映，没多久，旋即踉跄下片。海峡两岸，一片恶评，我则很晚才看了这部电影。大概因为先有了抗体，所以，真看了，倒不觉得太失望。个人的感觉是，胡玫有诚意，想把电影拍好；她且真有才情，几个片段，我都看得忽忽入神。平心而论，这部电影的未竟其功，除了胡玫本身的局限，更根本的原因，是源于大陆对孔子数十年之荒疏。因这荒疏，整部电影，想象遂远多于体会。既是缺乏体会的想象，在内行人眼里，就觉得不知所云；在一般人的情感，也难起真正的共鸣。但是，数十年之荒疏，真要在旦夕间彻底补足，以孔子之大之真，其实，谈何容易？若真换成其他编导，恐怕也会力有未逮吧！

然而，整部电影，掌握最不到位的，却非孔子，而是颜回。我们这个时代，与颜回这种人，离得最远；对这种人格，最为陌生；真要如实体会，也最为困难。因为无法体会，电影里头的颜回，遂落得一个样板形象，这形象，一言以蔽之，乖乖牌；乖到毫无个性，乖到面目模糊。若非落水救简那幕，实在拍得过于无厘头，实在离谱到令人啼笑皆非，也荒腔走板到令人过于印象深刻之外，看完电影，恐怕许多人都要纳闷，谁是颜回？

同样的，电影《孔子》之后，庚寅年的这个春天，坊间一册小说出版，是以子贡角度谈孔子，销路不恶。那回，我在书店翻阅，才几页，不禁叹息——怎么了？又是"好学生"，又是"乖乖牌"，这么渲染，这么陈腔滥调，还不只是曲解了颜回，你难道就不怕辱没了孔子?!

事实上，当代动辄将颜回说成是"好学生"，说成是"乖乖牌"，不仅是对颜回最大的误解，更是对孔子最大的侮辱。我们都知道，真正有能耐的老师，定然要有程度相当的学生，与之对应，与之相印；这对应与相印，或静或动，或语或默，里头处处要勘验，也处处有着锋芒。只有第三流的老师，才会把"好学生"捧在手心；也只有第三流的老师，才会将"乖乖牌"视若珍宝。

我们求学的过程中，身旁从来不乏这样的"好学生"，也从来没少过这样的"乖乖牌"。他们在老师面前，毫无个性，唯唯诺诺，向来就只是唯命是从。老师说得对，他们听；老师说得不对，他们也还是听。他们凡事认真以赴，他们服从性极高，他们永远，"政治正确"。他们看似尊师重道，实则不然；他们只是惯于匍匐在权力者之前。他们身上，没有反骨。

孔子最讨厌这种人，直斥之为"乡愿"！孔子清楚，"乡愿"之人，与佞幸之徒，只是一线之隔。他一生所遇，尽多达官显贵，而这种侥幸迎合之辈，难道还算少吗？他几番踌躇，与这班佞幸之徒，是否可以好好相处，但终究不能呀！再怎么样，也仍是落落寡合呀！若真合得来，又何苦要周游列国呢？

　　既然，孔子如此厌恶"乡愿"之人，他又怎么可能看重一个完全没个性的"乖乖牌"学生呢？孔子不仅动辄许以最高级的赞词，且在颜回死后，他老人家竟还哭到严重失态！如此看来，除非是孔子昏聩眼花，否则，就是我们把颜回给读错了！

不违，如愚

——师徒相与，贵在印心

子曰："吾与回言终日，不违，如愚。退而省其私，亦足以发，回也不愚。"

——《论语·为政》

孔门高弟中，会问问题的，可真不少。

像子贡，聪明绝顶，问题常刁钻而有深度。他天生会讲话，一张利口，穷追猛打，向来鲜有对手。但是，孔子又岂等闲之人，哪里容他兀自舌灿莲花？于是，兵来将挡，水来土掩，师徒俩对话，特有机锋妙趣，最见精彩。话虽如此，孔子还是明白，太会讲话，多半也不是什么太好之事，故而时时不忘要挫挫子贡的锐气，提醒他：小子！话别说太多，更别说太满，有比会说话还更要紧的事，该鸣金收兵了！

又像子路，坦率热诚，但凡稍觉不对，动辄杠上孔子，时不时又高分贝要质疑他老师，其言语之直接，其问题之尖锐，最有后儒不易见到的灼灼阳气，好一派兴旺气象！话虽如此，子路毕竟莽撞，又常不解孔子心意，最后，遂多以挨骂收场。但修理归修理，孔子一旦骂完，这子路，终究不改其志，才没多久，下回，又是直肠子一条，大喇喇，他劈头就问。

相形之下，颜回与孔子的应答，就显得"单调""无趣"许多。颜回对孔子，没有质疑，几乎无条件接受。他问问题，平易寻常，罕见惊人之语。等孔子答后，他又不追问；即便追问，也是寥寥数字，点到为止。静默含藏至此，难怪大家误以为他是"乖乖牌"。说"乖乖牌"，还算客气，孔子则是直接说他，像个呆子！

这呆子，其实半点不呆；这"如愚"，也丝毫"不愚"。"大智若愚"，我们都知道，但也仅仅只是知道，颜回却让你我清楚看到。颜回的静默，总让我们想起武侠世界的高手，不仅不轻易出手，更不轻易开口。至于一旁张牙舞爪、纷纷议论之辈，又有几个是真正的高手？虚张声势，搞笑罢了！

颜回的静默，是因心头明白。"知人者智，自知者明"，有了自知之明，得得失失，寸心皆知；局限在哪？不足在哪？心里明镜似的。"退而省其私，亦足以发"，待明白后，接下来，是自己的功课了，各自好去吧！老师呢？老师不过就是起个头，诱你一回，点你一下。真明白，是自己明白；真领会，也得自己领会。因此，言语寥寥，足矣！

中国传统教育，不管是早先的孔门，或是后世的禅门，向来都是如此简静，如此言语寥寥。正因老师说得少，学生才更聪明，更有智慧。说多了，反而是扼杀。师徒相与，贵在印心；心若相印，何劳千言万语？若不相印，再如何唇焦舌敝，也是枉然！

这种印心，与我们今日，当然全不相侔。今日教育，早已无关乎印心。你若谈起印心，那些学者专家，可要大摇其头，连笑都懒得笑你的！现在台湾的教育，说穿了，就只为了迎合资本主义，只为适应物化社会，连"品格教育"云云，不过就是希望你乖乖当颗螺丝钉好好循规蹈矩再努力赚钱别捣乱别胡思乱想好让这物化社会可以运转下去，行吧？物化社会的教育，只需要有创意，不需要有思想，更不需有修行。因为只有创意，才会牵涉商机。于是连文化，都要变成文化创意产业！这个物化社会里，所谓教育，你看！课程纲要多么琳琅满目、教材教案真是通篇累牍、参考资料简直部繁袟浩，不这么做，还通不过评鉴呢！于是，老师整天说、整天写，不断量化量产，像个作业员，教室则是像条生产线，至于学生，当然就成了一批批规格化、标准化的产品。

既然规格化、标准化，理所当然，你就会看到越来越多的学生有如工业制品，外表标新立异，其实面目模糊；喜欢耍炫耍酷，却经常两眼无神，一脸茫然。当我们看到那一双双失焦的眼神，不妨再重新想想，二千五百年前那个"不违，如愚"的颜回，当他望着孔子，心领神会之际，那又会是怎么样的一种眼神？

回也不改其乐

——因为明白，所以悦乐自得

> 子曰："贤哉，回也！一箪食，一瓢饮，在陋巷，人不堪其忧，回也不改其乐。贤哉，回也！"
>
> ——《论语·雍也》

昔日达摩东来，为寻个不受人惑之人。

达摩东至中土，何止千里？他不辞艰苦，迢迢万里而来，正是要找个真正自在安然之人，要找个真正明白之人。

然而，真正明白，岂是容易？

都说颜回厉害，且他老师不厌其烦，每次最高级地称许他，这正因为，他是个明白的人。

都说颜回穷，但是，世人多穷，不单颜回。世人之穷，各式各样：有人穷得蝇营狗苟，一身卑微；有人穷得怨天尤人，一身酸气；然而，有人却是"贫而无谄"，穷得刚正嶙峋，一身傲骨。前两者的穷，固不足为道；但后者穷得如此刚正嶙峋，虽说可佩，然此一身傲骨，却仍有过多不必要的自我防卫。

颜回不然。他穷，他只是穷。别人穷，不管是卑、还是亢，都是逗号，后头还有许多下文。而颜回的穷，是句号。他就只是穷。他"一箪食，一瓢饮，在陋巷"，后头，就是个句号。箪食瓢饮也好，居于陋巷也罢，他当下安然，没有不必要的下文。因此，他不会思前想后，不会焦虑彷徨，也不会怨怼愤懑，他，湛然似水。所以，同样是穷，别人因千思万虑而"不堪其忧"，他却一念不起而"不改其乐"。颜回穷，穷得明明白白，穷得一身清澈。

颜回乐，因为他明白。孔子也常以悦乐自得，意思就是，他亦复是个明白之人。和明白相反的，是无明。佛教对无明的观照，最有心得：多半人的一生，以无明始，以无明终，从头到尾，就不曾真正明白过。于是，人生如苦海，其苦无边无际，其忧没完没了。无明当然也会有乐，但这种无明之乐，方生方死，刹那生灭，短暂都如梦幻泡影；更麻烦的是，这种无明之乐，既不经久，又易生厌烦，像现代人夸大标榜的爱情；越想拥有，就越有不了；越想紧抓，就越抓不住。

台湾教育改革十几年，"快乐学习"呼声震天；结果东改西改，改得学生既不快乐又不学习，只见忧郁症患者急速年轻化，而痛苦指数迅速飙升中。究其实，是因教改的"快乐"，根本就是种种无明之乐。不追求还罢，若真铆起来追求，就只能像老鼠在滚圈中一般，狂奔疾走，耗竭而止。不信，你且看他们再继续"努力"改下去吧！越"努力"，只会看到越来越多心焦神灼、束手无策的教育者，也只会看到更多太阳光底下无新鲜事、完完全全百无聊赖、一片茫然的年轻下一代。

无明？现在的大学，不正是个极大的无明吗？有谁搞明白过，为什么要那样永无止歇地量产论文？除了学位取得、个人升等、收入增加之外，再多学问上的理由、学术上的原因，再如何堂而皇之，说着说着，恐怕，多少都有些心虚吧！说到底，论文的量产，不过就是为了配合产业量产的狂奔竞逐。产官学、产官学，学院本来就只是资本主义生产链的一环，正因产业止也止不住地狂奔竞逐，学术论文才会停都停不了地恶性膨胀。

今日产业的狂奔竞逐，才是史上最大的无明。现今产业发展的漫无止境，除了穷奢极欲，除了灭绝生态，其实，早已没人明白它究竟所为何事？正因大家都不明白，于是，当匮乏已远离、营养早过剩，世人竞以减肥为时尚之际，我们却充满困惑，甚至连起困惑的能力也没有，更多只是淹没于忧郁中，两眼呆滞，一脸茫然。这时，我们想起那个"一箪食，一瓢饮，在陋巷"的颜回，想起那个明明白白而"不改其乐"的颜回，不禁，感慨万千！

愿无伐善，无施劳

——圣凡两忘，善恶俱遣

> 颜渊、季路侍。子曰："盍各言尔志？"子路曰："愿车马、衣轻裘，与朋友共，敝之而无憾。"颜渊曰："愿无伐善，无施劳。"子路曰："愿闻子之志。"子曰："老者安之，朋友信之，少者怀之。"
>
> ——《论语·公冶长》

孔颜师徒默契好，两人不时唱双簧。

那一回，孔子在匡地蒙难，慌乱中，颜回失散许久，而后，总算匆匆赶上。原本焦急的孔子，顿时松了口气，好开心，戏谑地对颜回言道，"哎呀，我还以为你死了呢！"满眼都是笑意。颜回向来话少，只不疾，也不徐，淡淡地笑着，说道，"老师您还在，我哪敢先死呢？"

看官，别忘了，这是匡地之围，他们都还命悬一线呢！别看他们平日模样，尽似温良恭俭让；但到了这节骨眼，生死交关，他们师徒竟还一搭一唱，有说有笑。呵！好兴致！

但是，说来可惜，淡定的颜氏之子，那回说的"子在，回何敢死？"后来，并没有真正兑现。没等他老师，早了孔子几年，颜回便先离世了。颜回去世，孔子恸哭；许久之后，仍不时怅然；人前人后，四处举扬颜回，唯恐大家把他忘了似的。而后，鲁哀公问道，"弟子孰为好学？"孔子回答，现今的学生，没人称得上好学，只有那已然去世的颜回，是真的好学，理由是，只有颜回做得到，"不迁怒，不贰过"。

"不迁怒，不贰过"，这两句，好眼熟。可不是？

孔子分明还记得，许久之前，其实也是个寻常日子，但因师徒仁的言语风光，就有着光阴的徘徊。他们师徒仁言志，颜回一如平日之淡定，言道，愿"无伐善，无施劳"，觉得自己还做不到，但有着这番期许；话说得保留，说得谦逊，是个祈使句。孔子听了，心里欢喜，但没说什么；然而，这六个字，字字到耳，他，记住了。于是，许久之后，哀公问弟子孰人"好学"，孔子心念一闪，那次颜回言志的六个字，可真是好呀！今我评他，好吧！"不迁怒，不贰过"，正也六个字！只不过，不同于颜回自期的祈使句，这回，孔子称许颜回的，是个肯定句，结结实实，最高级的肯定句。

事实上，不管是"无伐善，无施劳"，或是"不迁怒，不贰过"，都谈何容易？无论你我，恐怕都远远不及于此。他们师徒，这十二字，圣凡两忘，善恶俱遣，那是何等的人生境地！后世许多儒者，最不同于他们师徒，恐怕也正在这十二个字。后儒对于"圣"，老是念念不忘；对于"善"，总紧紧死抓；满脑子，尽是伟大的事儿。结果，伟大塞满了他们，道德塞满了他们；于是，他们的脸，永远紧绷；于是，他们酸腐；又于是，他们建构的礼教，会杀人。到头来，这些"善良"的"好人"，这些"正直"的"君子"，却往往害事最多，误人最深。君不见，北宋党争，何其炽烈？而这祸国殃民的倾轧双方，不尽多都是"正人君子"吗？

孔颜不然。"无伐善，无施劳"，颜回之所以那么在意，正因为他明白，再伟大的事儿，再了不起的功绩，做了，也就做了；过了，也就该让它过了。好花自开，好花也该自谢；风一吹，云便该散。如若不然，好事会成坏事，善人也会成恶人。因为，他被"好"所拘，他为"善"所执。从古至今，凡执于善，最不可解。

善不可执，那么，恶还执它作甚？偏偏，一般人不仅会执，还与生俱"执"；那顽强的执着，常常是至死不悛。于是，我们才有怒气，便会迁怒，成日被那怒气拖着跑，从早到晚，没完没了。同时，我们犯错，总也收煞不住；多半错了后悔，悔了又错；被那惯性折腾得憔悴不堪，终究难改。所以，我们总觉得，既忧且苦，人生何欢？

　　但可怪的是，那"一箪食，一瓢饮，在陋巷"的颜回，我们不堪其忧，他却不改其乐。《论语》里头，孔子除了"好学"，最爱标榜一个"乐"字，颜回正是这么一径地乐着。看看孔子与颜回唱的这双簧，"无伐善，无施劳""不迁怒，不贰过"，我们才知道，圣凡两忘，善恶俱遣，这人会有多厉害！又如果这人什么都执不了，那么，一般人的烦恼无尽、苦海无边，还会束缚得了他吗？

于吾言，无所不说

——虽是门徒，实为知己

子曰："回也，非助我者也！于吾言，无所不说。"

——《论语·先进》

孔子称许颜回，为何总用最高级字眼？

凡当过老师者，可能多会诧异，孔子面对那群各有来头的弟子，每回谈起颜回，竟可以独许到如此全无顾忌？竟可以称赞到如此毫不保留？孔门弟子，三千之众，除子路因为年纪大，辈分高，再加上个性直爽，故曾无遮掩地表达过那么一点点吃味之外，其他的弟子，听老师如此言必称颜回，纵使心中无有不平，恐怕，也多少有些疑惑吧！

肯定有人质疑过：是颜回有神奇异能吗？是颜回可补老师之不足吗？是颜回可回过头来启发老师吗？非也，

非也，面对这样的疑问，孔子明白说了，"回也，非助我者也！"颜回之所以了不起，就只因为，"于吾言，无所不说。"

"于吾言，无所不说"？就这样？

但凡孔子说的，颜回便听；但凡听了，便欢喜欣然？果真只是如此？那么，热恋中的男女，成日情话绵绵，看对方的一颦一笑，听对方的只字片语，不也都"无所不说"？再说，眼下时髦的青少年粉丝，瞻望偶像时，且不管台上是扬眉瞬目、抑或扭腰露臀，粉丝们不也尽皆"无所不说"吗？

即便年纪大了，没那么幼稚了，但是，君不见，许多死忠的听众，许多虔诚的信徒，不管是男是女，或少或老，只见他们两眼紧盯，仰望着台上各种"文化大师"、各类"心灵导师"，不也常常两眼迷离、如痴如醉，完全是"无所不说"吗？更有甚者，大家总还记得，公元两千年"台湾大选"的"盛况"："蓝绿"双方的支持者，若决江河、若注汪洋，他们热情宣泄，他们忘情拥戴；在造势晚会里，与政治明星一起"起乩"，相互催眠，那才真是彻彻底底道道地地的"无所不说"呢！

凡此种种，和孔子这里所说的，究竟有何两样？如果撇开孔子的"圣人"形象，再摆脱尊孔的传统束缚，那么，可不可以让我们追问：他这么说颜回，会不会只是孔子的"自我感觉良好"？会不会只因孔子久居师位，受人尊崇已成惯性？会不会只是孔子托大，又如常情般喜被附和？反之，颜回对孔子的"无所不说"，可不可能含着一些无明的迷恋？或是为了获致安全感的全盘仰赖？还是因为，过度孺慕而将孔子所言尽作胜义解了呢？

当然，孔子不可能如戏子般专擅表演，也不可能如政客般哗众取宠；至于颜回，亦绝无可能愚駯到有如演唱会的荧光棒少年，更不可能痴迷到宛若高喊"冻蒜"的政治发烧友。因此，他们师徒之间，当然不可能是相互催眠，也不可能只是相濡以沫。然而，虽说不至于此，但是，一如现今许多地位崇隆的道场，尽管修行确有着力，宗长也不无本领，却或多或少，仍存有"师徒相瞒"之病。那么，孔颜师徒呢？他们会不会也是一个专示"庄严法相"、一个凡事尽作胜义解呢？是不是一搭一唱、多少有些相互欺瞒呢？

无可讳言，早在孔子生前，就一直有人想对孔子冠以"圣人"的大帽子。而孔子死后，他那一班晚期弟子，曾子、有子、子夏诸人，确实也过度仰望孔子，开始在孔子的塑像上涂以金漆。而至后代，在儒者和政治权威一层又一层的涂抹之后，那神圣化的孔子，早已脱离了真实的面目。我们若从后世这道貌岸然的"庄严法相"来看孔子，再配合俗人揣想的"乖乖牌"形象来体会颜回，他们师徒二人，倒真可能合演一出"师徒相瞒"的欺世盗名大戏。

但实情呢？

这么说吧！如果，孔门里头，让孔子说"于吾言，无所不说"的，不只颜回一人，而是百人、千人。那么，我们就可以一口断定：是的！他们是！

又如果，这孔门，是个一言堂。凡孔子所言，大家说好！孔子所为，大家称妙！孔子一举一动，无人质疑；孔子一言一行，无人困惑。孔子一呼，千人称诺。那么，我们也可以一口断定：是的！他们便是！

再如果，这孔氏门庭，完全是样板似的一团和气：老师永远慈祥，永远温良恭俭让；从不发怒，也从不骂人。而弟子则永远恭敬，永远谨听教诲；从不出格，从无逾越。那么，别说了！他们一定就是伪君子！一定就是欺世盗名者！

但是，事实上，我们今天单从这本已然被曾子等人筛选过、多少有被"和谐"掉的"洁本"《论语》，都已清晰可见，孔子不仅骂人，且骂人的次数，还真不少。你去数数，单单子路，挨了几回骂？就连子贡，何等聪明，但他被骂，又岂止一回！更别说宰予，"朽木不可雕也"，这气的！最惨的，还是冉求；他因帮季氏聚敛，恼怒了孔子，孔子是生了好大的气，不仅公开划清界限，还要弟子群起而攻之呢！

孔子这么一派生气，弟子又岂能示弱？孔门其实阳气，可热闹呢！子路是大师兄，他带头动辄就杠上孔子；而子贡刁钻，不时也和老师唱反调、兜圈子；至于子游，孔子才说了一句，"杀鸡焉用牛刀？"立马被他纠正！当然，别忘了曾点：孔门师徒齐聚言志，一堂济济，他却是也听也不听，有睬没睬的；只顾着弹瑟，全没个"尊师重道"模样！然而，这"吊儿郎当"的曾点，最后，不是还让孔子给特别称许了吗？

孔门如此热闹，离所谓"一言堂"，着实遥远；孔门如此热闹，若真要干欺世盗名之事，那恐怕也得等这群灼灼阳气的师生死后再说吧！

于是，我们再回头说颜回。

说来怃然！孔门热闹归热闹，但若真要找个彻底知心解意之人，孔子千寻万觅，却也只此一人！因为，只有颜回够高，够深，够清澈。其他门人，当然各具擅场，各有其美；但因程度所限，在某些节骨眼上，就是无法和孔子榫卯相合！真到了关键处，孔子四处瞻望，中心彷徨！人海茫茫，可以与言者，就只剩下那个颜氏之子了！奈何！

　　话说回来，虽仅一人，固可遗憾；但有此一人，仍堪称天幸！孔子说什么，他听什么；声声到耳，字字入心；知心解意，欢喜欣然。虽是门徒，实为知己。有此知己，你说，孔子他老人家，能不看重，能不开心吗？人生在世，还有比这更要紧的吗？

以直报怨
——兼论死刑与体罚

> 或曰："以德报怨，何如？"子曰："何以报德？以直报怨，以德报德。"

——《论语·宪问》

这个时代，重读《论语》，特别容易觉得，孔子这人，实在健旺。

尤其是这一则。利落，清爽，不啰唆。

这则讲个"直"字，直道待人。以怨报怨，是一意报复，心有未平；以德报怨，则矫情太甚，心失其正；以直报怨，是万象历然，不落爱憎。

我乡下出身，许多年来，也一直长居乡下；始终觉得，不管市井商贩，或是农渔百工，总之民间百姓，多半比学者专家，更懂得直道待人。这是因为，民间少有意念纠结，也无甚意识形态；凡事该怎么着，就怎么着，总是一份平常之心。因这平常之心，他们待人处世，总比读书人利落、清爽、不啰唆。

譬如，死刑问题。台湾自王清峰辞去"法务部长"以来，死刑存废的争议，一直沸沸扬扬。台湾的教育，向来西化，知识分子不管是否自觉，或多或少，都受了基督教伦理及自由主义影响，于是，便将废除死刑，上纲为道德良知之坚持；同时，也将死刑之存在，诋以各种落伍、野蛮等污名。又因他们有论述能力，且掌握了话语权，故台面上，每回争议，总一面倒地倾向于废死。知识分子，遂多以废死为时髦。然而，每次民意调查，结果却大不相侔；支持死刑的民众，总有高达七成以上。这个中反差，看似吊诡，知识分子也多半痛心疾首，以为是民智未开，尚待启蒙；但在我看来，恰恰相反，这只因为，迥异于知识分子，民间百姓浸润于自家传统，向来不用中文讲英吉利话，也不拿洛克以降启蒙思想家的"天赋人权"来吓唬自己。相较于知识分子，民间没有价值系统的纠缠不清，民间清爽、不啰唆，民间从来就是，直道待人。

又譬如，体罚问题。民间教育小孩，从来是该打就打，该骂就骂；"宠子不孝，宠猪爬灶"，该有的教训，但凡符合比例原则，但凡出于平常之心，不盛怒、无恶意，不落爱憎，总之对小孩就有益处。这便是，直道待人。我幼时，就这样受教于我母亲，也受教于学校里的老师。至今，如果我没有太多乖戾之气，如果待人还有那么一点宽厚，说到底，还是得力于他们的教益。打个几下手心，哪里就留下什么阴影了？果真如此纤细脆弱，那么，人生无数的大小挫折，都更足以令他阴影重重，但是，我们能够无限宠溺，能帮他排除生命的所有挫折吗？至于校园屡传之严重过失，但凡不是"以暴制暴"，但凡不是"以怨报怨"，只要秉持直道，平平正正，动之以情，说之以理，再施之以罚责，那么，"小惩而大戒"，校园的正气，可借以维持于不坠，最终说来，学生也仍会受益的。

昔日，孔子由大司寇行摄相事，才刚上任，半点没有犹疑，立马就诛杀了乱鲁政的大夫少正卯；鲁国的空气，因而为之一新。而后执教，因学生年纪较长，用不太着体罚；但他的骂人，可是记录遍在，难以胜数的。看孔子骂人，包括弟子对他的"吐嘈"，其直截、利落、不扭捏、无纠结，都特有一种生命的健旺，更有着直道相待之气概。

时至今日，这健旺与气概，早已不复可见。多年来，知识分子借着长篇大论，不断"启蒙民众"；学者专家透过繁复术语，不断"宣扬理念"；顶着傲人学历，他们以正义之姿，自居真理化身，垄断了所有论述。而一般民间，或慑于"学识"，自觉"理亏"；或稍感不对，却不知所以；纵知所以，也未必有那场域可说明白。反正，在台面上，永远是反死刑、反体罚；你即使再对，即使再多数，他们也不给空间说话。结果，上下乖离，彼此扞格。死刑、体罚等种种纠结，将整个台湾社会搅得是非不明、正气不扬。于是，岛内充斥着虚矫的浮论与高调，要不，"发挥爱心"，要不，"关怀取代责罚"；结果，以"爱心""关怀"为名，行宠溺、姑息之实；"以德报怨"的矫情，终究换来了猖狂与乖戾。最后，校园霸凌，全岛四起，其恶质化，日甚一日。"友善校园"，成了最大反讽；教育部门，变成校园恶化最大元凶；而满嘴"爱心"、以护卫学生权益为职志的"人本教育基金会"，极爱之，甚害之，没想到，也竟成了台湾教育败坏的最大乱源。

现今校园，阴晦之气日益充斥，老师烦闷，学生不快乐。之前，我在基层学校教过十多年，对于那种深沉的无力之感，格外能够体会。老实说，如果，我们仍然眩惑于那些站着说话不腰疼的专家学者；如果，我们还是摆脱不了那些意念的纠结；又如果，我们依旧无法重新学会直道待人；那么，这股阴晦之气，终有一天，将会铺天盖地；而再如何令人发指的校园霸凌，也都只是，才刚开始。

才情之外，才情之上

　　子曰："如有周公之才之美，使骄且吝，其余不足观也已。"

　　——《论语·泰伯》

　　我的《孔子随喜》简体版首次发行后，网路上的反应，似乎不恶。对此评价，有网友颇感纳闷，便质疑道："看作者照片，并不是个很有才情的人呀?!"

　　好眼力。

　　我本非"很有才情"之人，这是事实，不必否认。如此大方承认，也无关乎谦逊。甚至，他若说，那作者根本就谈不上有才情；当然，这似乎令人颇难为情，但是，恐怕我仍得诚实地招认，是呀！您说的没错。

愿意这么自曝其短，认真说来，原因之一是我确实看过真正深具才情者。那可真是叹为观止，神乎其技哪！见了这种人，当下便能明白，世间有些人，真是只能用天才形容之。与之相较，我若还有那么一点点可疑的小聪明，的确，也都丝毫不足挂齿了；随便四舍五入，近似值都可以等于零。

然而，我的坦白承认，更根本原因，是这些年来，因见闻增广，遂日渐明白，所谓才情，所谓聪明，果然，都是利弊互见，祸福相倚。有也好，无也罢，重点是，如何不为所执。年少时，看事看表面，总眩惑于那些才情之光彩夺人；而年事稍长，总算清楚，那光彩的后头，着实也阴影重重。聪明人，多半不快乐；他们活得比驽钝如我者，辛苦许多。换言之，才情越多，生命常常就越不自在。懂了这理，我才很安然于自身的驽钝与不足。

聪明人的不快乐，关键是，他们比一般人更容易执着。

因为聪明，所以执着。

有一种聪明人，自认想得深，看得远，所以执念于自己的想法。于是，有执于所谓道德理想，有执于所谓知识概念，结果，作为道德君子，作为有识之士，他们容易生气，容易愤怒，许多事都不以为然，都看不惯。他们总有一抹忧郁，总是一脸严肃；不仅自己全身紧绷，旁人也跟着紧张。结果，人我不乐，举座不欢；而结果呢？却屡屡事与愿违，适得其反。

唉！他们这就更加不快乐了。

另一种，是执着于得失输赢。他们从小聪明，有才干；向来争竞之事，总出类拔萃，脱颖而出。他们斩将搴旗，战必胜，攻必克。因此，他们有掌声，有名望，有荣华富贵。他们习于拥有，他们惯于掌握。于是，这好胜之心，就催逼着他们一步步走向"既骄且吝"。好胜又聪明，爱赢又能赢，那么，他们焉能不骄？才情足以囊括一切，得失之心又重，既患得之，又患失之，那么，他们又焉能不吝？

孔子曾说，"如有周公之才之美，使骄且吝，其余不足观也已。"事实上，真"有周公之才之美"者，能完全不骄不吝，着实困难。一般人，都很难跨越这个陷阱。而一旦落入这个陷阱，即使眼前再如何风生水起，再如何不可一世，终不经久，但凡时间拉长，他的结局下场，确实也都"不足观也"。

我年少读史，喜欢项羽。他才情绝世，深具英雄气概；他战场上所向披靡，横决四海，百千年后，读来依然令人心惊。但是，项羽槃槃大才，也因而目空一切，有我无人；才一开口，便是"彼可取而代也"。他有"周公之才之美"，却因"既骄且吝"，故而"妒贤嫉能"，不能纳才，不能容众，不能与天下万民闻风相悦。于是，不管再如何"力拔山兮气盖世"，终究，还是只能以悲剧收场。

刘邦不然。他本无甚才情，故而年纪一大把了，依旧一事无成。但是，他有才情以外的见识，有聪明之上的穿透力；在关键时刻，他会用关键人物，会采纳关键意见。聪明人考量多，思虑心重，所以常优柔，所以常啰唆；刘邦不啰唆，决断力无人能及。而且，他性情好，气度佳，宽、厚、通、豁，凡事容得下，凡事看得开。未起兵前，老爸数落他，萧何取笑他，"意豁然也"，他根本无所谓。迨楚汉相争，他屡战屡败，几次狼狈不堪，也似乎无关紧要。自己看了，都觉得好笑，再抬起头来，又依然元气满满。

于是，他可成大事。

古人说，"女子无才便是德"，这话现代人听不惯。但是，当年那无甚才情的刘邦，在起事之前，就从不与那些才情过剩的文人书生打交道，反倒与这些无才女子多有来往。因为，这些女子，貌似无才，却远比那些满身才情者，更有元气，也更为大气。

女子的元气与大气，是因不为才情所执。

因不执，所以女子最有韧性，极柔弱而极坚毅。遇险罹难时，不似男人之脆弱易折，女子唯不愤不戾、不躁不急，终可逢凶化吉，化险为夷，一如刘邦的屡挫不馁。

又因不执，故而女子的直觉能力最强。遭遇生命状况时，不像男人理论学问的纠缠不清，女子多不假思辨，当下分明，一如刘邦决断时的宛如天授。

昔日，山涛与嵇康、阮籍相契。那山涛之妻，借机仔细打量了嵇、阮二人，而后，对山涛言道，若论夫君之才情意致，实在比不上他们二位；但若真要与之为友，那么，就只能在见识与气度上，赢取他们的敬重了。

山涛之妻此言，貌似谦逊，实则自豪。

气度与见识，远远都比才情重要。这"无才"之女子，比那无数聪明俊彦，都心底明白。山涛之妻，了不得。

附

《才情之外，才情之上》问答

谢　翔：最后几段谈女子，句句都是结论，真是让人好一番琢磨！既然"女子鲜因才情而既骄且吝"，为什么还要说"女子无才便是德"呢？

薛仁明："无才"当然不是真的毫无才能。若真的笨手笨脚、毫无见识的百无一用之人，不管是男是女，恐怕都没人会将他与"德"字联结在一起吧！

"无才"其实也就是不显才、不逞才罢了！老子说"无为"，也差不多是这个意思；所有的作为，暧暧内含光，抱朴守拙，不刻意，没造作，一任自然，那就是"无为"。也因此，不添乱，不招惹麻烦，怎么做，怎么对，所以老子才会接着说，"无为而无不为"。女子因不显才、不逞才，故而再多的才情，都不会是负担，都让人看得舒服、看了清爽，这就是德。

老实说，男子无才更是德。只不过，女子天生有一种柔软，要她们不显才、不逞才，其实容易；但要男人完全做到这点，挺难。

谢　翔：男女之间看到并学习对方身上的优点，是一种
　　　　内在的扩充。这也使我想到您在《一以贯之》
　　　　一文中谈聪明与忠厚的问题。但同时我又会觉
　　　　得，不管是男人与女人，还是聪明与忠厚，任
　　　　何一端，其优点与缺点似乎都是同时并存的，
　　　　像一个东西的一体两面，很难说要这个却不要
　　　　那个。林谷芳老师曾说"生命的修行往往是在
　　　　两个矛盾现象上求得统和"。您如何看这矛盾？
　　　　如何在这矛盾中求得统和？

薛仁明：优缺点当然是同时并存。生命的修行，其实就
　　　　是我们更常用的一个字眼，"修养"——该修就
　　　　修，当养则养，修其太过，养其不足。聪明、
　　　　忠厚，其实都是好事，但若太过，就难免有其
　　　　限制。这个限制，通常不容易自知，聪明人尤
　　　　其如此，因为聪明让他一向都很能吃得开。吃
　　　　得开，顺风顺水，就不容易察觉有什么问题，
　　　　因此积习忒深，很难翻转。一旦出了状况，遇
　　　　到了横逆，他们凭借着聪明，又很容易自我开
　　　　脱，轻易就归咎于别人，结果，他们常常越离
　　　　越远，越老越不堪。

真要在两个矛盾面向中求得统和，首先，还是得要有个自知；老子说，"知人者智，自知者明"，这自知之明，很难，尤其真要澄澈透明，那其实已是究竟悟者的境地了。虽说困难，但在生活的每个当下，我们都还是得学会像看别人一样地看着自己；尤其，在起烦恼时，在出状况时，通常就是锻炼这个自知之明的最好机会。

谢　翔：记得朱天文也说过"女子元气足"这样的话，至今不解，元气和才情究竟是怎样的关系？

薛仁明：女子天生心性柔软，故而她们有元气；元气是一种含藏，是一种含蓄，含而蓄之；她们常常是不用学就懂得要含藏。男人不然，通常一有才情，就容易锋芒毕露，因此就易折、易断。女子因元气足，所以气长；你看老人最明显，老太太通常都活得比老先生好，她们自在从容。

谢　翔："元气是一种含藏，是一种含蓄，含而蓄之"，有点难懂。在我的生活经验当中，有时女人在消极的状态下，也会散发出一种颓废之气，比如近年流行的一些女性文学作品。另一面，我又时常会在许多男性身上看到一种朝气，充满力量和兴致的。是不是"元气"和"朝气"并不能画等号？

薛仁明：你提的"女性文学作品"，她们描述的，当然多半是事实；但因为现代文艺过度聚焦于人性幽微，总像超强的聚光灯只聚焦于一处，旁边更广大更宽阔的世界因而都视而不见了；于是，虽说她们所言，多是事实，但离真实的普遍样貌却有段不小的距离。

女子当然也有消极颓唐，但较诸男子，她们确实比较不容易大废不起，也不太会彻底自暴自弃。

朝气与元气多有关联，如果真要分而言之，那么，朝气多半是行动的，有作为的；元气则可以是在动之前，将动未动，是在浑沌的状态。女子比男子浑沌。

谢　翔：元气是人人希望有的。但我有个疑惑：难道我们因此要使自己变得浑沌么？这好像很难让人接受。您是不是认为，人活世间，其实就是要保留一定的浑沌？

薛仁明： 人能保留一定的浑沌，肯定是件好事，所以庄子才要讲那个浑沌的故事。

小孩多浑沌，因此小孩可爱，也多有元气。现在小孩太早开发聪明，聪明过度外露，浑沌的状态太早被凿开，可是后天的智慧又来不及接上去，所以忧郁症的罹患年龄才会逐年下修。小孩看起来有些笨笨的，其实是好事。至于成人，浑沌既开，真要回去原来那种小孩的状态，其实已不可能，也没必要。浑沌既开，就要有智慧来弥补；要学会含藏，懂得内敛，不逞能，不使气；也要学会活在当下，不沾不黏，不思前不想后；其实，就是在温养这第二度的浑沌。这第二度的浑沌当然有别于年幼的状态，但那种赤子之心，那种兴味盎然，以及你特别在意的元气饱满，却是一致的。

杨少文： 几乎读薛先生每篇文章，都不禁叹道："这篇紧要！"对自己紧要，对某某、对某些人紧要。这篇文章，尤其不禁为之喝彩！那些平凡女子的元气大气，其实从根柢上保障了华夏文明的千年不坠。而如今，化解现代文明的弊端，仍要靠她们不自知的识见和气度，润滑着时代的机械与病态。

薛仁明： 现代的男女关系，过度夸大了所谓"爱情"，更极度吹嘘"情欲"。于是，不论男人女人，都想方设法要让自己变得更有性吸引力，弄得好像男女之间除了情欲的结合之外就别无余事似的。结果，情欲的亢奋期一过，男女关系就开始变得索然无味，然后，就开始嫌恶对方，就开始觉得"爱情已然远离"。也正因如此，人一旦衰老了，自然就会担心性吸引力不再，结果，现代人普遍怕老，尤其一些"时尚"人士，怕老怕得有些歇斯底里。

这种男女关系，总让人感觉，跟动物的差别，实在不大。但不幸的是，因为这背后隐藏了惊人商机，因此，在当今资本主义社会里，反而最具"正当性"，最被主流文化竭力歌颂，也被主流媒体最极力标举。你看情人节，那种铺天盖地，那种疲劳轰炸，渲染成那种地步，怎么看，就是有种歇斯底里。

除了这种夸大情欲的男女关系之外，百年来，我们也常看到女权主义者或是宋儒式冬烘先生极力争辩着男女关系，看他们各执一词，滔滔不绝。但我总觉得，争辩的双方，有些地方，其实都很相像。其中之一，是他们脸上都很紧绷，都充满了气愤，有时甚至都还带着些凶相；其中之二，是他们都极爱说理，老爱"拨乱反正"，总觉得自己是站在真理的那一边；其中之三，是他们的男女关系都夹杂了太多的权力关系，过于紧张，都把男人女人看成像敌人似的。

也因此，他们的最大共同点，是对于异性都少有如实的体会，更缺乏爱悦之情。有些女权主义者，看着她饲养的猫狗，深情惓惓；但一谈起旁边的男人，始终却没几句好话。至于有些宋儒式的男人，满嘴天下国家，满口人民百姓，心中充满了对人间的"大爱"；但是，他回到家里，看到自己的老婆，常常不由自主地就心生嫌恶；他们甚至走在路上，也目不斜视，几乎不看女人。

这样子的人，建立起来的男女关系，又怎么可能会健康呢？但麻烦的是，他们常常越不健康，就越喜欢自我标榜；个个都宛如伸张正义，好像有不共戴天之仇似的。

世间之事，先感而后知。男人应该要从女子那儿感觉到、体会到，再进而学习到的地方，实在是太多太多了；反之，女子之于男子，亦当如是。世间最大的差异，是男女之别；于是，男人看女子，或是女人看男子，其实，都是毕生极大的一门功课，都是琢磨玩味、知之不尽的一桩大事。男女之间，如果真能相知，才可相悦；若可相悦，再进而相惜，那么，一个真正健康的男女关系大概就庶几可见。而男女关系一旦清朗明白，其实，中国文明的重建工程，就已经奠下最深稳、最扎实的基础了。

第三卷

不亦悦乎？

——"悦"，《论语》的关键词

> 子曰："学而时习之，不亦说乎？有朋自远方来，不亦乐乎？人不知而不愠，不亦君子乎？"
>
> ——《论语·学而》

《论语》开篇，先说个"学"字，起头就"不亦说（悦）乎"，再来又"不亦乐乎"。这么既"悦"又"乐"，真是响亮！乍然一听，就令人不禁神旺！此二字，确立了我华夏民族的光明喜气，也成了中国文明最不共的特色。你想想，世界上有哪个文明的根本典籍，一开头就以"悦""乐"这样的姿态亮相的？

单单因这仅有的亮相，就该结结实实为他喝个满堂彩！

于是，我说，"悦""乐"这二字，是《论语》全书的关键字，更是孔学的"正法眼藏"。古往今来，说孔道孔的是或不是，尊孔学孔的到与不到，都该以此作为评判的标准。合此二字，则离孔子近；违此二字，则距孔子远。若远观近看、人前人后，此人皆能自在安然，轻易便透出悦乐之情，那么，可以与言孔子矣！此人若谈论学问、综观天下，虽深知忧患，却又不露苦相者，那么，庶几与孔子近矣！

依此，理学家大概是要落第的。因为，他们有苦相。他们虽言必称孔子，又整天将圣人挂在嘴边，但他们的脸，总是被过多伟大之事譬如正心诚意又譬如治国平天下给压得肌肉紧绷，平时就过度严肃，还动辄便要骂人。还记得那一年，春日正好，宋哲宗游于内苑，只是随手折了一条新发的柳枝，便恼怒了师傅程伊川。这程夫子老实不客气，发了番大议论，严严实实就把小皇帝给训斥了一顿。程夫子，理学"大师"，后世景仰之大儒，但是，说真格的，纵使他再怎么凡事有理，再怎么头头是道，真要与之相处，多半会是，他觉得我们实在碍眼，而我们也半点无法感受到自在，"悦""乐"云云，实在遥远！

同此，当代的新儒家，恐怕也难以入第。新儒家学者在学院工作，做着"客观"的学术工作，进行抽象的哲学思辨，比如新儒学"大师"牟宗三，其巨著《心体与性体》，数册煌煌，建构了一套严密的道德形上学。往好说，固然是洋洋大观；究实说，诚也是蔚为奇观。说是奇观，是因牟氏此著部繁帙浩，全书以孔子为中心，进行了体系庞大的抽象思辨与分析，但，前孔子、后孔子，通篇说孔子，却与孔子的真实生命全然不相应，这岂不怪哉！

孔子是甚等样人？首先，他述而不作，从来他就是无意、也不愿进行结构式论述；且他凡事具体指点，只要说理，必然具象，从来没有抽象思考的；而他又不谈抽象哲学，更不谈形上学。其实，哪里又只是孔子，出了学院，中国人从来就不是那样抽象思考的！于是，假如孔子看了牟氏这以他为名的庞大的道德形上学，恐怕只会瞠目结舌，诧异地笑着摇摇头：哎呀！真精彩呀！然而，这与我什么干系呢？

新儒家的"学术"，与《论语》全书第一个"学"字，完完全全，是两码子事。"学术"云云，既是抽象，便与修行无关；若与修行无关，那么，就别谈孔子。于是，新儒家再多的道德哲学，从真正生命的学问看来，都很难避免会异化成戏论一场。而既要标榜客观，当然就得脱离情感；既脱离情感，"悦""乐"又从何而来呢？孔子又岂是如此？他的"学"，必然具象，一定具体，必结合着生命修行。他的"学"，亦主亦客，先感后知，必结合着情意；多有情意，才能有"悦"有"乐"。

很多人做学问，"学"了半天，还是与"悦""乐"无缘，这其实是他们学问的体制压根就出了问题。你看学院里，多少的忧郁症！今日的学院，除了量产论文，真要做学问，恐怕已然越离越远了！看看孔子吧！看看他怎么做学问的！有心学问者，这《学而》篇头一章的开宗明义，都该三复斯言！

无为小人儒

——正人，未必等同君子

子谓子夏曰："女为君子儒！无为小人儒！"

——《论语·雍也》

孔子在此告诫的，岂是单单子夏一人？

书法家董阳孜老师有回闲聊，言道，她读《论语》，总觉得，这书里的好多话，都像是孔子坐在前头，就直接对着她说似的。

是啊！许多人不也都深有此感？也正因如此，所以，明明"打倒孔家店"这口号已响亮了近百年，今日资讯的恶性膨胀也早已不可收拾，但是，令人好诧异的是，怎么不时都还有人会那么不合时宜地拾掇起《论语》，重新又披阅一番呢？

是的，《论语》里头，有种亲切自然；读着读着，如闻謦欬；让我们，仿佛看到了孔子，也见到了自己。

不过，我还是有些好奇，当董老师自觉立于孔子面前，那孔老夫子对她言说的，会是称许多呢？还是责备多呢？这问题，我当然不好意思问她。但若换成是问我，答案倒很明确，那自然是，责备多啰！孔子每回责备学生，我微微觑着，心头都难免一惊，却又开心，但仍不免嘟囔："哎呀！怎么又被说中了呢？！"

尤其是这则，"无为小人儒！"

三十多年前，我自己曾是个儒者，旗帜鲜明，成日天下国家，满嘴理想道德；那时，若说"小人儒"，我肯定是恕难同意的。（其实是"怒"难承认呀！）对此质疑，只会极认真严肃，忿忿不平地问道，我不是君子，是啥？

而后，我与儒家，一年一年，渐行渐远。走远了，倒明白了。离儒家远了，却与孔子近了，也亲了。而今，再回头一看，当年模样，千真万确，不折不扣，更毋庸否认，就是个"小人儒"。

孔子说"小人"，指涉极广，范围极大。"小人"，可以是卑鄙龌龊，也可以是机心炽烈，更多则是蝇营狗苟。

但孔子这里说的，显然都不是这种奸恶不堪者流；（这种人也称不上儒者呀！）他要告诫子夏的，其实是，莫成了气度窄小、器量褊隘的那种儒者呀！

儒者几乎都是正人，规矩有度，端端正正；但正人，未必就是君子。至少，"君子坦荡荡"这关，后世的许多儒者，就通不过的。譬如子夏，他循规蹈矩，但执于规矩；他过度拘泥，心量不大，气度也不恢宏。人一窄隘，平日无事，犹可谦恭温良，貌似君子；然一旦遭逢变局，便常踉跄不堪。子夏晚年丧子，哭之失明；丧子之痛，虽说可悯，但伤痛至此，则分明溺情太过。如此深陷其中，溺而不起，与"坦荡荡"三字的通达开豁，真是迢迢其遥；这样溺情深执之人，离"君子"这一词，也确实远了。

年轻时，我自认一身"正气"，对于周遭事物，动辄愤懑不平。而今看来，当时的"正气"，虽非全假，但实则掺杂过多的"戾气"，却不自知。于是，我这么一个乖戾之人，常常竟日烦忧，每每悲愤难解，心里，从没个安然。后来，幸而我远离了儒家，找回了根本，隔了好久，重新再翻到"小人长戚戚"，我才终于开心地承认："是呀！我就是这样啊！"从此，我读着《论语》，看到了孔子，也见到了自己。

赐也，非尔所及也
——平常心是道

> 子贡曰："我不欲人之加诸我也，吾亦欲无加诸人。"子曰："赐也，非尔所及也。"
>
> ——《论语·公冶长》

子贡这人光鲜，随时看他，都是新亮的。他的器量格局，也完全配得上一身华贵；举手投足，怎么看，都有种豪华。除了颜回、子路，孔子最看重的弟子，就是子贡；孔子道他是，"瑚琏"之器。

子贡这人不简单，行事聪敏，说话漂亮，政商两界俱得意。不仅如此，他更是个有志气的，尽管一身富贵，却非利禄之徒，完全不受名利所拘限。他有辽辽之思，曾对孔子言志，"博施于民，而能济众"，襟抱诚属非凡；他且有道德理想，自言，"我不欲人之加诸我也，吾亦欲无加诸人"，真令人肃然起敬。

然而，可怪的是，子贡讲得这么好，但这两回，孔子却都没称许他。前一回，孔子说子贡这襟抱，连尧舜都办不到，"尧舜其犹病诸！"那么，你呢？后一回，孔子就不客气了，既不拐弯，也不抹角，干脆泼了冷水，说道，"赐也，非尔所及也。"

子贡说得这么好，孔子为何不仅吝惜赞美，反倒泼他冷水？

原因是，子贡说得太好了。

太好，好到失了平常心；太好，好到会出问题。这正如"以德报怨"，乍看动人，但孔子却不赞成，只因为，那已离了平常之心。世间许多问题，看来根源复杂，但究实言之，常常都只因为，失却了那份平常之心。子贡这漂亮人儿，很习惯说些漂亮话儿；然而，太漂亮，总有些虚相，会起颠倒。孔子于是提醒他，千万聪明莫被聪明误！尽说些漂亮话，到头来，会自我蒙蔽的！

说话漂亮，目标高远，不一定会让自己变得虚伪，却很容易就眼高手低。一旦眼高手低，就容易造成知行之落差。道理知得深，说得巧，但整体生命却跟不上，这反差越大，真实的生活，就越难有着力处；使不上力，生命就容易往下坠落；人一旦处于这种矛盾，经常呈现撕裂状态，就会日益不得清安。因此，世间之人，越是聪明，就越容易掉入这个泥淖；越是夸夸其言，常常异化越深。正因子贡聪明绝顶，能言善道，孔子才更戒之慎之，唯恐他也坠入这种异化！

有别于子贡，孔子论事，向来卑之无甚高论；而《论语》所言，更是简易平实。于是，聪明如子贡，对高远玄杳的"性与天道"，自然深感兴趣；但孔子于此，却几乎绝口不谈。孔子既不谈形上学，也不谈抽象理论，他从来就不是西方意义下的哲学家。今日学院，大谈孔子"哲学"，其实，都有点文不对题。孔子不务玄虚，不好高骛远，即使言志，也是一派天然，"老者安之，朋友信之，少者怀之"，很具体，很真实，乍听之下，更半点都不伟大。

这才是孔子。

孔子植根于生活，结结实实；但凡所言，不过是他如实生活、如实体会之心得。孔子这种平实，很清爽，也很健康。因此，他的生命，少有异化。

后代儒者，尤其理学家，已然失去了这份平实。理学家长于思考，他们关于心性的论辩，乍看严正，乍看深切，但其实是背离了孔子，已然堕入抽象之思考。理学家且心高气远，动辄蔑视汉唐，以为唐宗汉祖，皆不足为道；孔子不然，他是这也喜爱，那也欢喜；他欣赏子产，更佩服管仲。理学家理想迢遥，张载的名句，"为天地立心，为生民立命，为往圣继绝学，为万世开太平"，我年轻时读之，欣羡向往，久久不能自已。但而今看来，却觉这话过度漂亮，太伟大了；这种漂亮话儿，说多了，听多了，会让人失衡，会使生命颠倒的。我猜想孔子若是听闻，他大概也会笑着说道，"赐也，非尔所及也。"

因为宋儒遗绪，又兼欧风美雨之吹拂，今日知识分子，普遍好谈高远；而一般读书之人，也竞言抽象理论。凡此，初初都不觉有异；风气所致，甚且视为当然。但是，这样脱节于平实，时日一久，生命的矛盾与撕裂，便在所难免；许多无法厘清的苦闷与烦恼，亦根源于这种生命的失衡。禅家有言，"挑水砍柴，无非大道"，又言，"平常心是道"。当今知识分子，失却这份健康的平常之心，久矣！孔子泼子贡这冷水，要唤起他的那份清醒，其实，说来说去，不就是要找回那个平常之心吗？

勿欺也，而犯之

——"麻烦"的孔子

> 子路问事君。子曰："勿欺也，而犯之！"
>
> ——《论语·宪问》

认真说来，孔子极难为用；因为，他很"麻烦"。

孔子当然檠檠大才，在鲁国"大司寇行摄相事"时，政绩便已斐然昭著；他且实力雄厚，周游列国时，随从车乘之规模，随从门人之程度，都已让各国权臣为之侧目，也使各地诸侯对之多有礼遇。但是，礼遇归礼遇，他仍终难为用。

外表看来，他的终难为用，是因锋芒太过，招来侧目；各国权臣为了一己之谋，疑惧于他，颇有猜忌，故不时多进谗言。但是，这其实无关宏旨，真正关键，仍在于各国君主。

对任何掌握大权者而言，尽管孔子是不世出之大才，但用与不用，都令人颇费犹疑。不用，固然可惜；但真要重用，不仅极需胆识，更需莫大勇气。因为，一旦重用孔子，常常等同于和自己"过意不去"，稍不"留意"，是会自寻无限"麻烦"的。

对孔子而言，君有君道，臣有臣道。"君使臣以礼，臣事君以忠"；君若有道，那么，为臣者，竭心尽力，不在话下。但是，君若无道，休想孔子会让你称心如意，更休想他要迎合你；他说，"以道事君，不可则止。"君臣一场，合则来，不合则去，没什么好迁就的。于是，孔子几次入仕，便也只能，几次"不可则止"。

"麻烦"的是，随着孔子声望日隆，任何有心用他的掌权者，其实都要背负着越来越大的压力：若自己"表现"不好，孔子又要"不可则止"，打算求去之时，不正等于昭告世人，自己是个无"道"之君吗？当时的那班君主，谁有把握，所行皆合于道呢？谁有把握，孔子一旦国中为臣，必会不再求去？于是，我们便能体会，孔子游于列国，凡十余载，明明他有心，诸侯亦多有意，可机会为何总是一次次擦身而过？事实上，诸侯即便真想用他，只看他"不可则止"的"前科"如此累累，又掂估自己斤两，踌躇再三，也只能一声轻叹，算了吧！

用孔子的"麻烦"处，还不止如此。

但凡用他，早在他"不可则止"之前，他的"以道事君"，已让掌权者招架不住、"挣扎"许久了！他是怎么"以道事君"呢？有一回，子路问"事君"，孔子回答了，"勿欺也，而犯之。"该说真话，就说真话；该冒犯，也不必太客气，就冒犯吧！

孔子平日谦恭，但是，常有例外。季康子患盗，问于孔子，你瞧，孔子答得多么干脆！"苟子之不欲，虽赏之不窃。"你贪欲过甚，故招来盗窃，要怪谁？你若不贪，即便鼓励百姓来偷盗，他们还懒得理会呢！

这就是孔子。就是那个"麻烦"的孔子。

《论语》一开头，《学而》篇的第二章，《论语》编纂者之一的有子，就批评了"犯上"者。他说，"其为人也孝弟，而好犯上者，鲜矣；不好犯上，而好作乱者，未之有也。"有子虽说长相酷似孔子，但有子与孔子，其实是两回事。孔子说的是，"勿欺也，而犯之。"

后代儒者，多似有子，他们不像孔子。于是，他们跟着有子，人云亦云，也将"犯上"讲成了大逆不道。但真不巧，有子的孔子老师，偏偏就是一个会"犯上"

的人，他且还鼓励子路也"犯上"呢！子路事君，是否"犯上"，我们不得而知；但子路事师，则确实经常"犯上"，"前科累累"哪！他不时都会冒犯孔子，直肠子一条，话极不中听，但其心拳拳哪！这点，孔子当然比谁都明白，也因此，孔子比谁都看重这个莽撞的弟子！

什么样的老师，会疼什么样的弟子。

同样地，什么样的君主，也会重用什么样的臣子；什么样的时代，更会举扬什么样的人物！

没办法，这算是孔子的命吧！

鸣鼓而攻之
——大成殿的冉求牌位

> 季氏富于周公，而求也为之聚敛而附益之。子
> 曰："非吾徒也，小子鸣鼓而攻之可也！"
>
> ——《论语·先进》

那回我到台北孔庙演讲，抵达会场后，时间尚早，便四周先逛了一圈。来至大成殿，里头是孔子神位，两侧另有四配、十二哲陪祀，其中，我看到冉求的牌位，不觉感慨！

冉求是个大才，但常挨骂。后来因帮季氏聚敛，孔子盛怒，要将之逐出师门，且对门人高声喝道，"鸣鼓而攻之可也！"但后世儒者以及政治权威，或因厚道，或因迂阔，也或因另有算计，总之，他们把冉求迎回大成殿，师生又齐聚一堂。这不知是喜剧，还是闹剧？

冉求向来干练，孔子说，"求也艺，于从政乎何有？"
凭冉求的能耐，从政当然不成问题。于是，孔门十哲中，
也就他与子路二人，同列于政事一门。又于是，当年掌
控鲁国实权的季桓子病危，遗命召回周游列国的孔子，
季康子秉承父命，欲召孔子，却又举棋不定，迟疑再三；
最后，季康子终究从孔门召回了一人，畀予重用，这人
却是冉求。

　　就冉求，舍孔子，一来可见冉求的能力才干，绝非
寻常；较诸乃师，实不遑多让。二来亦可见，在季康子
眼中，冉求比孔子"好用"，也没孔子那么"麻烦"。这
点才是关键。

　　冉求的"优势"在于，他肯"配合"。当然，身为孔
门弟子，冉求自有其理想，亦有其抱负；他本非佞幸逢
迎之人，亦非曲意承欢之徒。但是，"岁寒，然后知松柏
之后凋"，真到关键处，他会不会动摇？碰到底线，犹豫
了，他可不可能弃守？事实上，冉求个性向来犹疑，经
常"天人交战"。有一回，他对孔子说，"非不说子之道，
力不足也。"这样的挣扎，由来甚早，这都暗示着，终有
一天，他将背弃他老师始终耿耿、从未忘怀之"道"。

　　孔子之"道"？是的，一直到了六十好多，早已耆

鳌，孔子犹仆仆风尘，累累如丧家之犬，究竟他栖遑何事？不就是盼着，一朝终得大用，他能行"道"于当日吗？

虽非自己，但毕竟仍是门人，也好。冉求回鲁，果得大用；他也争气，治理有方，且在一次重要战役中打了胜仗，还趁机向季康子大力举荐他的孔子老师。但是，季康子深知孔子极难为用，踌躇再三后，也只好作罢。又几年，孔子的最晚岁，终于返归故国，自知终难为用，遂无意出仕。但行"道"之事，又岂能忘怀？于是乎，他寄希望于门人，紧盯着那几个"代理人"，尤其是冉求。

冉子退朝，子曰："何晏也?"对曰："有政。"子曰："其事也! 如有政，虽不吾以，吾其与闻之!"

孔子盯得紧哪!

但盯着盯着，终归还是要失望的。季氏将伐颛臾那回，孔子已深觉不对劲，发了脾气，也对冉求训了一顿! 但是，骂归骂，这冉求纵使再如何良质美材，仍终非"松柏"之质呀! 于是，时候一到，"该配合"的，他配合了；越过了底线，"该委曲求全"的，他也"委曲求全"了！于是，连帮季氏搜括聚敛，他也做了！

这回，孔子就不只是失望了！

"非吾徒也，小子鸣鼓而攻之可也！"

然而，孔子要失望的，又岂是仅仅当日？

后来的两千多年，许多政治权威，极言尊孔，但也仅止于尊孔，也仅止于将孔子高高供着。他们心头真正喜爱的，其实都还是冉求者流。冉求有才干，冉求能"配合"，冉求更不会给他们"添麻烦"。或许，也正因如此，那个引来孔子如此盛怒、早已高言逐出师门的冉求，终究仍又被迎回孔庙大成殿，永受配享。

乘桴浮于海

——会动摇的孔子

子欲居九夷。或曰："陋，如之何？"子曰："君子居之，何陋之有！"

——《论语·子罕》

有一回，孔子说要乘桴浮于海；而这回，孔子则说，欲居九夷。前后两回，算是法言，还是巽言？孔子说真的，还是说假的？

乘桴浮于海那次，才一提起，孔子便说要带子路为从；子路听闻，自己俨然贴身带刀侍卫，光彩得很，于是，心花一片怒放，好得意。后来，孔子当然没有成行，自然也没带子路为从。但瞅着子路，孔子心头微微一动，是啊，这么多年了，子路的性急冲动，似乎也只稍改，但他直肠子的满腔热诚，却是与日俱增；难为他偌大年纪了，还是这么一片赤子之心。孔子自忖，他一念耿耿、终未忘怀的道业，究竟能否行得，其实自己心里有数。行得，固是天幸；行不得，也是天意，奈何不了的。道真不行，他瞅瞅身旁，有子路这样的弟子，或许，也够了！

异于世俗之想，孔子实非那种一条路冲到底，完全勇往直前、义无反顾之人。诚然，他意志力强大，他信念坚定，但，这是淬炼、是培养、是生长出来的，绝非本然如此，与生俱来。他自称非"生而知之者"，这是真话。后儒高推圣境，一心想把孔子讲成"生而知之"，好像天生下来就是个圣人，从不动摇，从未踟蹰。这其实是扭曲了孔子，更是辱没了孔子。

孔子从来是，信了又疑，疑了又信。即便到了晚年，他已更明晰、也更自信，但仍非铁板一块那般坚定不移的信念。都六十好几了，那回困于陈蔡，他还问道，"吾道非耶？吾何为于此？"问了弟子，也问问自己。这样的不确定，才是孔子之所以为孔子；这样的不确定，也才是孔子之与我们都亲。孔子的信，是在一次次的怀疑中生出来的，是朱天文说的，"与其是金刚不坏之身的信，宁愿信心像玉，也要养，也会碎。"

孔子一次次的不确定，锻炼了他异于寻常的笃定安然。而每回升起的大疑，也成就了他人世之大信。正因不断有疑，故而其信，不会是自欺欺人，也不可能廉价盲目。于是，孔子周游列国，遍历险厄，几次都命悬一线，差点绝望了，真的要丧气了，累累如丧家之犬的他，脱口而出，说要乘桴浮于海，说欲居九夷。这些话，当时弟子听得半信半疑；这些话，两千多年后我们再来看，那当然是假；但，那当然也是真。

　　这种话，孔子信口说说，从来就不兑现的，这当然是假。至于说，孔子要带子路为从，他们师生的情深意笃，这绝对是真；而孔子自言，"君子居之，何陋之有!"这种信心，自然也不假。更紧要的，曾经几回，学生质疑他，孔子似乎也动摇了，还似真似假说了些带点负气的话。但是，话才说完，没多久，孔子又好了，又元气满满了，甚至，还比以前更坚定、更明亮，面对眼前的种种不确定，他又更笃定安然。

　　这才是最大的真。

吾日三省吾身

——曾子的局限

> 曾子曰："吾日三省吾身：为人谋而不忠乎？与
> 朋友交而不信乎？传不习乎？"
>
> ——《论语·学而》

年少时，读曾子这章，颇不习惯；三十年后，再读
这章，还是不对劲。

那回冬日，到市场买鸡，鸡贩是位太太，待人和善，
行事利索。有客问："如此天冷，都几时起身？"她答道：
"五点就得起来宰鸡，好赶七点摆摊。"客曰："好辛苦
呢！您也真是勤劳！"她笑说："才不勤劳呢！是因生活
所逼，不得不然，其实，可懒着呢！"客人称赞她实诚，
一般之人，是不愿这样承认的。她笑着说："哎呀！自己
是什么样人，又干嘛骗自己呢？有时晚上睡觉前，就突

然想起，今天干嘛这么小气？又干嘛这么苛薄？伤了人，自己也还是不舒服呀！其实啊，自己是甚等样人，骗不了人的！"

这个鸡贩太太，一位市井百姓，说这话时，平平淡淡，娓娓道来，只是闲话家常。但较诸曾子，我却更爱听她说话。

尽管历代儒者说，曾子是"宗圣"；在大成殿里，曾子位列"四配"，崇隆显赫。

认真说来，曾子这章，当然不能说错；他所言之反省，也的确是修行的原点。因为反省，故可照见自己；因为照见自己，故山河大地，历历分明；因为照见自己，故有人有我，人我皆好。

但曾子这种反省方式，总之是怪。怪在太规矩，怪在太惯性。

真正的修行，是当下应机；真正的反省，也是当下觉知。修行若真得力，心思自然细致，觉知也必然敏锐；一举一动，一言一行，甚至才起了心、动了念，但凡差池，在当下那一刹那，自己也就明白大半，心里暗暗一声惭愧了。如果透明度尚且不足，通常是隔了一会儿，也多半就心里有数；白天无暇细想，晚上放下尘劳，临睡之前，一件件，一桩桩，自然涌上心头。这样的反省，虽说不是究竟，但总之多有助益。

至于曾子，他每日的三省吾身，好处是很具体、很明确，任何人照此做来，自然能循规蹈矩，步入正道。但是，如此条理分明的反省方式，如此每日的一二三点，感觉起来，总像是工作报告与业务检讨，实在过度规矩。如此条列式的检讨，真要面对寻常日子的千思百虑，真要处理实际生活的错综纷纭，恐怕，都很难对应得了。假若无法如实对应，那么，再恳切的"三省吾身"，又如何地正心诚意，或许，也都无关宏旨罢！

再说，这样规格化的反省方式，稍不小心，更容易就掉入了另一种强烈的惯性。人之所以不自由，人之所以不清爽，世人常常指向外在的种种束缚，这当然没错，但是，另一个更根本的关键，却是每个人都有其惯性，这惯性，将自己给团团围住，产生了根柢的不自由；惯性越强，人越不自由，也越不清爽。

人之反省，贵在自照，照见自身的诸多局限。其中之一，就是照见这个让生命不得自在的惯性。这种种惯性，若是观照得到，便可能化除；化除得了，人便可自由，便能清爽。所以我们回头来看，孔子所强调的"绝四"，"毋意，毋必，毋固，毋我"，说白了，一句话，去除惯性。

孔子如此自觉地去除惯性，故他身上，有着许多儒者远远不及的明白与清朗。孔子是个厚重之人，但同时，他也是个透明度极高之人。他摆脱得了惯性，因此，有时会"不按牌理出牌"，故不时被弟子质疑；但也因此，他的生命质地，特有一种干净与爽豁，不窄隘，不拘泥。故而，我们觉得他可敬，同时，更觉得他可亲。

曾子，也同样厚重；但他的厚重，却变成了沉重；这沉重，且带着强烈之惯性；他连反省，也是另一种惯性。这惯性，让人觉得，有太多事情，都非得如何不可。随着曾子编《论语》，传子思，再传孟子，乃至宋儒大兴，儒家的"道统"既成，这样的沉重与惯性，遂成后世传统的一大特征；然而，这沉重与惯性，却是完全迥异于孔子的"无可无不可"。也正因如此沉重与惯性，后来儒者的过度循规蹈矩，礼教的趋于凝滞僵化，其实，在曾子身上，都已然可见端倪。

老实说，今天我们所谓的儒家传统，与其说是孔子所建，倒不如说，是曾子以孔子之名建构而成。外表的面貌，当然是以孔子为核心；但个中的实情，究竟是孔子的成分多呢？还是曾子的成分更多一些呢？百年来，许多人嚷着打倒孔家店，或许，多少都有些搞错了！孔子他老人家被误会了这么久，我们是否也应该还给他一个本来面目：让孔子的归孔子！也让曾参的，归曾参！

不如丘之好学也
——学得那元气满满

子曰："十室之邑，必有忠信如丘者焉，不如丘
之好学也。"

——《论语·公冶长》

你瞧！孔子这得意呢！

《史记·孔子世家》记载，鲁定公十四年，孔子年
五十六，"由大司寇行摄相事"，准备一展抱负。这消息
才发布，孔子"有喜色"；当下，门人见了不惯，就质疑
他，"闻君子祸至不惧，福至不喜！"哎呀！老师啊！您怎
么得意成这个样子呢？

孔子常被学生质疑，这真是好，这最可见孔子之所
以为孔子。而这样的质疑，在古代的诸多名师中，其实
并不多见。以他这层级的老师来说，常被质疑，当然不

是他逊，而是因为他大，因为他真。太大与太真的人，难知哪！难以遍知，无可看透，就不免心生疑惑；恰好，孔子偏又喜欢弟子诸般叩问诘难，即便有些不客气，甚至颇为尖锐，他都来者不拒。于是，这各式各样的质疑，可真热闹！也真是阳气！有这热闹与阳气，遂蔚为孔门最溥博浩瀚的万千气象。

当然，话说回来，这次门人的质疑，认真琢磨，其实也不算错；而所言之理，也很正确。但是，尽管如此，我还是更喜欢孔子的这种得意。

孔子的得意，是他的元气饱满。这就好比，每一回的新年伊始，可能只是想到"万象更新"四个字，可能只是感到元春的节气在更移，更可能全然不为了什么，毫无来由，便对眼前的岁月，满怀欣喜，有种好情怀。正因这种好情怀，孔子这次的"行摄相事"，他载欣载喜，期待满满，不由得便得意了起来。这种开心，我特别觉得亲切，好比小时候过年。

孔子的元气饱满，也不单单是这回政治抱负的开展，其实，是遍在于他生命的每一个时节。至为寻常可见者，是他最得意非凡的"好学"二字。

孔子的好学，自幼及长而到老，造次必于是、颠沛必于是，真可谓死而后已。《论语》里头，孔子常常称许人；无论今人古人，他从来都不吝惜称赞。他看这个人也好，看那个人也棒，看着看着，忍不住就欢喜了起来。然而，大家都明白，孔子虽常称许人，却从不轻许；他的称许，有其限度，是有保留的，都只在一般相对层次来谈。至于有些最高级的词儿，譬如"好学"，乍看平常，他却极不轻易用的。通篇《论语》，你数数，明着称许"好学"者，有谁？寥寥数人耳。其中头一个，是孔子夸奖他最得意的爱徒颜回；再一个，就是孔子表扬他老人家自己啰！

今人多言，"活到老，学到老"；又言，"终身学习"。这些话，和孔子所说的"好学"，似而不是，其实并非同一回事。如若相同，孔子的"好学"，位阶就不可能这么高；如若相同，那么，孔子在这儿得意个什么呢？如若不同，这差别点，又在哪儿？在这情意荒失、百无聊赖的躁郁时代里，在这学习之声震天价响却又不知学为何物的时代中，我们要重新看待那个元气满满的孔子，就不妨从这个差别点契入吧！

士志于道

——文明的重建，在于士的自觉

> 子曰："士志于道，而耻恶衣恶食者，未足与议也！"
>
> ——《论语·里仁》

中国文明在复苏。首先要恢复士的自觉。

士的自觉，在于视野；因视野辽阔，故不拘于窄隘之地。士的自觉，在于格局；因格局宏大，故不执于六尺之躯，虽恶衣恶食，亦不足为耻。

晚周诸子，无一例外，全部都是士，他们是国士，更是天下士。他们志在天下，不斤斤于拘隘的地域国家。因不拘隘，故孔子离鲁而周游列国，冀望一展政治抱负，没人会訾议他为"鲁奸"；而孟子去邹而游于齐、梁，对齐、梁之君大谈王天下之道，也没人骂他"叛邹"，更没人怀疑他要"篡周"。同样的道理，屈原因贵族出身，对楚国情感甚深，其惓惓难舍，终至以身相殉，大家可以理解，也替他惋惜，却不觉得需要向他学习。

中国读书人这士的自觉，历数千年，始终不辍。有此自觉，中国文明遂得以屡仆屡起；有此自觉，遂使中国文明向来是，有亡国家，而无亡天下。

这士的传统，虽以晚周为盛，但是，根柢说来，秦汉以降，历代依旧不绝如缕；直至五四运动，这士的传统，方告断裂。五四因"全盘西化"，因西方无此传统，士便渐渐隐去；取而代之的，就是所谓的知识分子。

知识分子以知识学问为业，也关心国家社会的公共事务，乍看之下，与士相侔；但究其实，二者并不相同。

不同之一，士以天下为己任，迥异于知识分子的动辄强调民族（国族）主义。士当然会有民族意识，却不落于民族（国族）主义。士的民族意识，只可以是种清朗的情感，不溺于情，不会有近代知识分子"献身"民族主义的种种举动。

士的民族意识，毋宁是文明的。孔子严华夷之辨，无关种族，只是区别了文明与无明。孔子关心礼乐文明之重建，却不在意鲁国是否强大；同理，孔子称许管仲，也只因管仲维系华夏文明于不坠。对士而言，文明广被，泽及八荒，那才叫王天下。近代知识分子以传统文化为阻碍国家强大的绊脚石，必将自家文明去之而后快。这种视国家民族于文明之上的，只可以是知识分子，不可能是士。

士与知识分子，不同之二，是孔子所强调的，"士志于道"。中国文明，由"道"总绾，向来文、史、哲、艺、道一体。士为文明之载体，故必志于道。但知识分子不然；他们可以是专家学者，可以是博雅多闻，然而，他们没有"道"的自觉。因为，在西方神圣与世俗二元论的传统里，"道"属于宗教，那无关乎世俗意义下的知识分子。

中国文明没有这种二元分割，"士志于道"，"道"本修行之事，对士而言，志在天下与一己修身，两者本为一体；澄清天下与自家安顿，原是一而二，二而一。在中国文明里，志士的一生，就是一生的修行。

知识分子会因不公不义而浮躁难安，也会因社会乱象而愤懑怨怼，更会为了忧心时局而郁郁难解。但，士不然。"士志于道"，志士心里明白，士之首务，是自己心中，时时都要有个清平世界；如果自身都不得清安，如何期盼使天下人清安？一如孔子当年，外头的干戈，列国的倾轧，终究撼动不了他心头礼乐的风景明丽。那心头撼动不了的孔子，才是孔子之所以为孔子。

两千多年来，因为孔子心头的风景明丽，因为孔子的笃定自在，遂有中国文明的横亘绵长。而今往后呢？中国文明在复苏，我们也期待着士的新起！

游于艺
——生命之优游与舒展

子曰："志于道，据于德，依于仁，游于艺。"

——《论语·述而》

徐复观是当代新儒学大家，不论台、港两地，均望重士林，影响深远；但我曾在拙作《天地之始》中，对他有所批评。批评的重点是，像徐复观这般有识之士，颇能志于道，也能据于德，还念念不忘要依于仁；但独独这"游于艺"，却多有疏隔。

不管是道，或是德，还是仁，皆庄严之事。有此庄严，生命才有重量；无此重量，生命便轻如飞絮，漂似浮萍。虽说如此，宇宙有阴有阳，天地有开有阖，除了庄严神圣，人生也该另有余裕，以资呼吸吞吐。若无余裕以供吞吐，人生就僵化紧绷，便难免要流于偏狭窄隘了。

中国文明的呼吸吞吐，一是放情自然山水，融于大化；二是孔子此处强调的"游于艺"。这"游于艺"，因西风东渐，遂成问题；因有问题，中国现代知识分子遂生命多紧，不易舒朗。"艺"，有东有西，原有其文化性；人们多说，"艺术无国界"，这原是西方帝国主义文化侵略之说辞，乍听有理，其实不然，许多人却偏偏信以为真。艺术纵无国界，至少有文化之界线，界线分明，历然不爽。

西方之"艺"，与中国之"艺"，不仅外貌不同，根本处更多有扞格。彼此虽偶可融通，但大半时候，若无细细拣择，硬要会通，结果都只是西方融掉了东方；最后，自家的传统，尽失主体，沦丧为西方思维的装点摆饰，却不自知。这点，只要看看张艺谋那些"充满东方色彩"的作品，再看看台北新故宫三希堂茶座的摆设，便能明白。

中国百年衰颓，文化向来弱势，"艺"，尤其如此；西方之"艺"，因此凌驾中国传统，大行其道。于是，许多饱学之士，例如徐复观，即便对儒释道，对文史哲，多可熟稔，蔚然成家；但对传统之"艺"，却甚茫然。尽管他还曾经写过一册《中国艺术精神》。

譬如说音乐。音乐主情性，是民族之根本。因为文化主体之沦丧，这根本却遗失得最厉害。今日人人皆知钢琴，但是，自家的古琴呢？那可是孔子弹了又弹、数千年未曾断绝的乐器呀！直至近代，管平湖、吴景略等琴家的造诣，也都还绝对称得上是大家！但那时年纪相仿的徐复观，对古琴这些发展，却全无闻问，竟然写出"现实我国作为'告朔之饩羊'的七弦琴"这种状况外的话语，他完全昧于这种乐器近代的发展，还以为古琴早已沦落至只能摆在"供桌"上。

提倡中国文化的徐复观，对古琴如此陌生，但他却曾说过，若听不懂贝多芬，就只该谦虚地反复听之，直至懂了为止。对西方谦虚，当然是好，但自家的中国音乐呢？像他这样以中华文化为己任者，对《潇湘水云》《广陵散》等经典曲目，是不是更该听到沁入骨髓？但事实上，他对中国音乐，却是连入门都完全谈不上。

对自家音乐的陌生，也不只是徐复观；今天我们绝多之人，同样都熟悉贝多芬，都知道西方古典名曲有《英雄》《命运》，但是，对自家的经典乐曲《月儿高》《平沙落雁》，我们却多感生疏。西方从巴洛克到古典乐派再至浪漫主义的音乐转变，大家也都耳熟能详；但中国音乐古琴与琵琶互有颉颃的消长过程，或是昆曲与京剧花雅之争的递嬗历程，大家又熟悉多少？

面对西方，当然不必小气，尽可大方；但再怎么说，凡事都仍该有本有末，有先有后。且东西"艺"事之歧异，更需有所拣择。老实说，西方之"艺"，要不，过度认真；要不，反动之后，又成了太过涣散；总之，他们的艺术传统，与中国的"游于艺"，其实相距甚远。西方贵族以前听古典音乐，穿燕尾服，正襟危坐，鼓掌不可鼓错，咳个嗽还遭白眼，这怎么优游自在？现代西方人听摇滚乐，嘶吼呐喊，摇臀晃乳，该如何从容涵泳？贝多芬的《命运》，那样结构紧严，充满了紧张、挣扎与冲突，认真听完，整个心，都揪成一团，全身为之一紧，又该如何"游于艺"？正因为少了优游涵泳，我们才会经常看到西方艺术家的过度张扬与人格失衡。

今日西方当道，学者专家总将西方之"艺"，过度作胜义解，说得极其伟大。对外来文化谦逊，原是好事；但过度谦逊，反而丧失主体，最后竟不知自己为何物，自家生命就难免扭曲、难免紧绷。学者对西方艺术之推崇，是真是假，且由他吧！自家生命，还是自家先顾吧！有心之士，不妨且先从从容容沏一壶茶，重新好好读个碑帖，看看水墨，听听中国音乐，再找时间观他个几出传统戏曲，想鼓掌，就鼓掌；真好看，便大声，喊个好！若此，生命优游其中，或许，就一如那茶叶般，缓缓地，就整个舒展开了。

志于道，游于艺
——道艺一体

子曰："志于道，据于德，依于仁，游于艺。"

——《论语·述而》

现代艺术家，受西方影响，竞言艺术伟大，喜欢强调"艺术神圣"。中国的传统，却是不然；中国文明里的"艺"，不多不少，不大不小；不该过卑，也不能过亢；说的是，"道艺一体"。

"志于道"，孔子说在前头，乃提纲挈领；"游于艺"，置于后头，系相辅相成。"道""艺"并举，无可偏废。昔日宋儒，整天言"道"，对凡百诸"艺"，却多荒疏；结果，生命慢慢闭锁僵化，渐失通达，与世人遂生隔阂；最后，所言之"道"，也成了空头的自说自话，这问题就大了。

而至今日，恰恰相反；言"艺"诸人，尽管高谈阔论，却鲜有"道"之自觉。无此自觉，"艺"事便自成一物，于是产生了所谓专业艺术家。艺术家多半自视甚高，将艺术放得极大，人生缩得极小；对艺术极为虔敬，对世间之事却又过于轻慢。他们动辄高言"献身"艺术，为了艺术，生活可以无能；为了发挥情性到极致，可以不顾旁人观感；为了艺术，可以乖戾，可以狂妄。结果，涉入越深，越是难以自拔。所谓艺术家，常常是始于憧憬满怀，继而耽溺其中，终至以身相殉；有多少人，深受其累，甚至赔上一生，但自始至终，却都活在"艺术神圣"的自我欺瞒中？

　　"艺"能养人，也可误人；能让生命丰富饱满，也可使生命错乱荒失。其中关键，在于这"艺"里头，有没有个"道"字。在中国传统里，百工技艺，虽不自觉，却从未脱离过这"道"字；他们是行焉而不察。打从年少拜师学艺起，未学"艺"，先学"道"。洒扫庭除、应对进退，先从为人处世做起；祭祀修禊，感知天地节气，是培养性情之开始。凡此，与"艺"似无关联；但认真说来，却大有干系。因为，唯有性情平正，唯有质地深厚，作品才会够分量，方可玩味，才能有思。于是，我们遂能明白，今天专业艺术家竟日钻研，他们的技术，尽可高超；他们的作品，尽多巧思，但是，他们却很难做得出汉陶那般的素朴大气，也做不出宋瓷那样的温润如玉。因为，那牵涉到人的质地、人的情性，换言之，这牵涉到那个"道"字。

这个"道"字，百工技艺，是行焉而不察；但读书之人，却该时时自觉，不能或忘。有此自觉，中国"艺"的传统，便展现了迥异于今日的另一套价值体系。譬如说，就现代艺术的角度，宋徽宗绝对是个第一流的艺术家，其字其画，细致纤巧，美矣，尽美矣！但中国人向来不以之为贵；因为，他耽溺"艺"事，玩物丧志，于"道"有亏；其"艺"一旦与"道"脱钩，再美、再新、再夺人眼目，也不过就是奇淫技巧罢了！

又譬如，苏轼的《寒食帖》名震古今，而有宋一代，四大名家的苏、黄、米、蔡，东坡甚至位列其首；但你若径以"书法家"名之，东坡肯定是难以接受的。因为，对东坡而言，他最重要的身份是"士"；"士"志于道，志在天下。书法再好，甚至他的诗文又如何名传千古，对他而言，皆余事也。诗词书画，当然重要，但从来就不是最重要。同样的，"艺"再怎么要紧，也绝非最为要紧。孔子说"游于艺"，这"游"字，意味着，不可耽溺，也不能过度专注。这个警醒，还是有着"志于道"的最根本自觉。

昔日儒者，因过度轻忽"艺"事，以致民族的气运不畅；而今艺术家，又扭曲"艺"之本怀，过度夸张艺术之伟大，结果，不是玩物丧志，就是在人心荒失之际更推波助澜。古今二者，各执一端；执此两端，于人于己，终非幸事！孔子此处所标举的"道艺一体"，虽说已然两千余载，但对今日有心于"艺"事却饱受彷徨之苦者而言，恐怕还是有着极新鲜的当代意义吧！

知者乐水，仁者乐山

——湛然似水，不动如山

> 子曰："知者乐水，仁者乐山。知者动，仁者静。知者乐，仁者寿。"
>
> ——《论语·雍也》

相较世界几个重要文明，中国人的宗教感，特别淡薄；然而，中国文明对于自然山水，情感却是最为深厚，有时竟然近乎宗教。

远从孔子乐水乐山以来，中国读书人，素来心向林泉。得意之际，虽身处庙堂，但山林之念，却总未曾忘怀；失意之时，当然更是吟啸江湖，寄情于山水。无有真山真水，想法子也要园子里造个假山假水；尽管城市喧嚣，但园子的主人，依然胸有丘壑，意在高山，意在流水。再不济，窗台几盆花花草草，厅堂摆个盆栽，书斋再挂幅山水画，也算聊胜于无了。

千百年来，中国人画山画水；山水画，一直是中国绘画之主流。迥异于此，西方向来强调人物之肖像，一直到十九世纪的巴比松画派，才出现了真正的风景画。即便是风景画，也仍与中国的山水画大异其趣。西方的风景画，如同美术课所教的写生，向来是特定之人，在特定时空，对着特定景色，进行定点透视绘制而成。那风景，是有距离的，是客观的，是外在的。山是山，水是水，与人无所谓关联不关联。

但是，中国山水画不然。山水画向来不定于一点，而系多点之透视；人称台北"故宫三宝"之一的李唐《万壑松风图》，据江兆申研究，甚至多达七个视点；更别说像黄公望《富春山居图》那样一路逶迤的山水长卷。山水画里，走到哪儿，看到哪儿，人只是俯仰天地，浪荡而游；故而画中人物，向来渺小，微不足道。山水画的传统里，画家与山水，主客相融，本为一体；画家画的是山水，画的也是自己；画的是冈峦丘壑，画的更是生命气象。

智者"乐"水，仁者"乐"山，既然是"乐"，就不会与山水保持距离，不会只是客观观察，甚至也不只是审美对象。智者也好，仁者也罢，总之，中国的士人，他是看山也看水，是游山也玩水，是涤荡胸襟于山巅水湄，也修心炼气于窅冥山林。中国的士人，是在山水之间，修、息、藏、游；也在山水之中，融于大化。张大千晚年的泼彩水墨，云奔雾腾之间，山水融于天地，人也融于大化，天地万物在这一片大气淋漓中，尽成一体，故而是，气象万千。

中国文明里，看人，看其气度；观山观水，则观其气象。山水佳胜处，固可以群，亦可以游，更可以观。仁者乐山，观其巍巍，观其厚实，乐其不动如山；智者乐水，观其浩瀚，观其澄澈，乐其湛然似水。老子云，"人法地，地法天，天法道，道法自然"，中国绘画讲求的"外师造化"与"中得心源"，在此，其实同一回事。是啊！巍巍乎高山！人生风涛多险，生命厚度若是不够，底气若是不足，每逢境界现前，都难免步伐跟跄，终至飘摇圮颓，狼藉一生。同样的，洋洋乎流水！生命的幽微无明，是如此之深，自身若不心系修行，若是无法日益澄澈，人生就是五浊恶世，苦海无边，那是业深难救呀！

现今美式资本主义社会，正是如此业深难救。他们看山看水，全是客观存在，毫无内在联系，不仅如此，他们还将之物化，成了单单只是资源。山林是资源，水也只是资源。山山水水，成了资本家的禁脔，成了物化社会一桩桩的商品。要不，房地产开发建案；要不，辟成观光风景区；要不，售以高级别墅；要不，卖你芬多精。

物化社会里，人对山水，无牵无系，无亲无记；在经济发展的大纛下，以促进生产、开发资源为名，横决肆虐，从此，山成穷山，水成恶水。在这残山剩水中，人如此斫毁山林，如此对山水无情，又焉能落得个好下场？于是，现代社会如此拂逆造化，人们如此远离山水，从此，人稍稍一动，就全身浮躁，片刻不得清宁；人但凡一静，就死寂枯槁，完全无聊难耐。动也不安，静更难安，全身上下，无有个自在，人只好借着电子音乐与毒品，来麻醉自己；也只好借着消费购物与大吃大喝，来获取刹那之满足；更只好借着八卦新闻与低级趣味，来打发无聊难耐的漫长岁月。

山水本来有情。中国文明一向以为，山河大地皆是法身。现代人成日叨念着"终身学习"，结果，都是一堆人为造作，常常是越学越不得清安。算了吧！先想办法恢复山林，让人回到山水之间吧！人在山水之间，重新学会修、息、藏、游，重新体得什么是"不动如山，湛然似水"；单此八字，早已胜过无数学者专家的千言万语了！

君子不器

——专业之外，专业之上

子曰："君子不器。"

——《论语·为政》

用现代标准来衡量，孔子实在称不上是个有爱心、有耐心的"好"老师。

孔子曾说过，"自行束脩以上，吾未尝无诲焉。"话虽如此，他的"诲"，可是万千法门，花样百出。你若执于一端，用现代人那种样板的想法，指望孔子的"诲"，必定是认认真真、有问有答，必定是不厌其烦、条分缕析，恐怕，你还是该趁早另投师门吧！孔子肯定会让你失望的。

譬如那回，忠厚的樊迟，毕恭毕敬请教了农稼之事，孔子一听，全然不当回事，只冷冷地答道，"吾不如老农。"这樊迟，实在老实，偏不死心，又请以园圃之事，结果，铁板依然一块，孔子还是，冷冷答道，"吾不如老圃。"

在学生面前，老师多半都乐于无所不知。懂得的，自然会详说明述；不懂的，也极不轻易便说自己不懂。但孔子偏不。明明就懂，却又不说。这样的态度，看似教学热诚不足，其实，他是"别有用心"。孔子乍听樊迟之问，当下泼了冷水，不理不睬，这正及时止住了模糊焦点，免得樊迟继续彷徨歧途。孔子清楚，唯有截断不相干者，才能直探核心。这直探核心之能耐，才是师之所以为师的关键点。

这"爱心不足"的孔子对樊迟的冷处理，说穿了，是樊迟的提问，与他这个老师，毫不相应嘛！诚然，孔子多能鄙事，农稼园圃也难不倒他，但来到仲尼门下，这么认真地问起农圃之事，那毕竟还是搞笑！

弟子三千，孔子从来无意培养成三千个专精的技术人才，也不想培育出三千个杰出的专家学者，甚至，他也无心造就三千个各行各业的所谓菁英分子。若真要问孔子心里期待的，那应该是，三千个君子、三千个士吧！

君子不器 | 237

孔子言道，"君子不器"。君子，或者说，士，尽可以有专业，但不执于专业；可以有种种才能，但不执于这各种才能。士，不能只安于营生，而忘掉根本要务；不能过度钻研细节，却往而不返，以致于疏忽俯仰天地之宏观。换言之，不管是大"器"，或是美"器"，士都不能只是个"器"，不能为"器"所执。凡有所执，就会斤斤于末节细行，就无法直探核心。

中国文明，数千年来，言必称"道"。这"道"，是那个"根本"，是孔子所要直探的那个"核心"。舍此"核心"，对士而言，越专注其他事务，都越可能是不务正业。孔子说，"士志于道"，这是士的最根本自觉；无此自觉，不足以言士。

君子之所以不器，士之所以不在细琐处打转，正是要如此万缘放下，摒除一切不相干者，才可直探本源。一如剑客的一击必杀、直取咽喉，士也要时刻锻炼这根本能耐，方能骊龙颔下直探明珠。有此身手，士才能在众声喧哗之中，静定安然；也才能在举世滔滔之际，自在了然。时潮也好，变局也罢，士的心中，自有一方清平世界。有此清平世界，士才可能安己、安人、安天下！

今受西方影响，专业主义盛行：读书之人，多半孜孜于所谓专业研究。在光鲜亮丽的忙碌外表下，其实，他们越有专业成就，每每越受彷徨无助之苦：之于世局，满是无奈；面对自身，无可安顿。他们努力求索，他们认真思考，但终究解不开那心头的烦闷，更厘不清那烦闷的根源。这都只因，他们和那清平世界，是离得远了！

两千多年前那个不太有"爱心"的孔子，曾泼了樊迟一场冷水，也说了精简如偈语的"君子不器"。虽说，这只是寥寥四字，但有心之人，若能从中玩味，甚而有个豁脱，那也胜过千言万语了！

论笃色庄
——诚恳的背后

子曰："论笃是与，君子者乎？色庄者乎？"

——《论语·先进》

遇到论证清晰，随时侃侃而谈之人，你会不会心生佩服？见到神情严肃，动辄慷慨激昂之人，你会不会被打动？

会，我会的。年轻时，不仅佩服，有时，还会撼动到难以自已。

从这则《论语》看来，孔子可能也被"打动"过；换言之，孔子可能也曾被"蒙"过，曾吃过这种"论笃"之人的亏。

粗粗分来，"蒙"有两种。头一种，世俗的拐骗云云，这种"蒙"，因我自幼心思笨拙，想头不多，又穷惯了，没啥可骗，所以受欺被瞒之事，并不常遇。这种亏，吃得少。

第二种"蒙"，是学问的、理论的，甚至是"人格感召"的。孔子此处所言，近乎此。这种亏，我不仅吃过，还吃过大亏。

年轻时，我虽爱荣华富贵，但也不大羡慕；虽知权势有时慑人，对之却也不甚畏惧。但是，对于有学问者，向来羡慕；对学术权威，素来敬畏；见到一腔热血、满怀理想之人，更是由衷感佩。于是，我总慑服于种种严密理论，总慑惴于严格思想训练，更五内沸然于各式各样悲愤激昂的慷慨陈词！

结果，有段很长的时间，我身心皆不自在，简直无处安顿！向来读书，做学问，本图个解惑，图个安身。然而，当理论接触日深，却是越感烦躁；学术涉猎日广，却是更添惶惑；越多的慷慨激昂，也就越不得清安，就越全身紧绷。

烦躁至极，紧绷到底，但觉全身不对劲，却不知不对在哪？于是，竟日忧思，彷徨难解。我极目四望，却望不着何处安身？眼前无路，想回头。我这般作茧自缚，能解得了吗？不管了，撒手远走，走到迢遥的花东纵谷，走到僻远的池上乡野。此地荒僻，但有山水明秀，但有禾稻脉脉，我待了整整一十八年，虽说一事无成，却总算抖落了一些些无谓的纠结。而今，再重读《论语》这一则，不禁感慨！

世俗之"蒙"，易知易觉；只要不忮不求，脑袋清楚，多半能免。然理论学问之误人，严正"论笃"之"蒙"人，却是极难辨清。

孔子当然见多了这种雄于议论的"高手"，也清楚个中之虚虚实实，因此，他提醒弟子，也提醒我们：听其言，还得观其行呀！语言文字，多有迷障。听完议论，别急着轻信；再怎么有理，也别急着佩服；又如何恳切，更别急着感动。且先看人吧！人比文章大，人比议论真。人的质地，才是一切的根本。听完议论，还得细看，他到底是外表严肃的"色庄"之人，抑或是道地的君子？事实上，"色庄"者认真而执着，初初乍看，颇似君子；但二者之间，似而不是，仍可区别。关键点，是孔子说的，"君子坦荡荡！"君子清朗，没那么多纠结，也无须那么多的慷慨激昂！

眼下许多饱学之士，娴熟理论，博引群书，行文笔力万钧，论事犀利激切，轻易就可让人慑服。其中虽不乏君子人也，但是，更多的是眉头深锁，抑郁纠结，极难与"坦荡荡"联结在一起。我因吃过大亏，吃了一堑，长了一智，总算明白这其中的虚相：做学问者，如果连自身都不得清安，他的学问，如何使别人清安？又如何使天下清安？那么，再如何的国家社会，再如何的慷慨激昂，都可能只是"色庄"之人自以为严肃的一场戏论罢了！

述而不作

——孔子之谦虚，孔子之得意

子曰："述而不作，信而好古，窃比于我老彭。"

——《论语·述而》

现代人，强调创意；文艺者，竞说创作。中国文明，却不如此。中国文明，是孔子说的，"述而不作"。

之所以"述而不作"，是因为，"信而好古"。

"信而好古"，此人有福啰！生命后头，有个溥实的传统，怎么算，本钱都比别人雄厚。这传统深阔，浸之润之，优游既久，"可以兴，可以观，可以群"，取之不尽，用之不竭，且仰之弥高，钻之弥坚；因此，知之不尽，欢喜赞叹。此之谓，"信而好古"。

"信而好古"之人，可比那家基厚实者，他底气足，出手阔绰，不仅随时上得了台面，且随便一拿，皆有余裕，多有豪华之气。他不必四处张罗，绝不寒碜。他且见多识广，故而知深浅，有畏敬。他晓得，但凡真正见过世面，在高手面前，强调自己的能耐；或大成就者前头，高谈自己的"创见"，其实，都有点好笑。

所以，孔子自道，"述而不作"。这话，固然是他谦虚，其实更是他的得意。这意味着，他见过高手，也见过真正的世面。

当然，"信而好古"，不能无弊。你瞧，史上多少迂儒，泥于古而昧于今，顽冥不灵，食古不化；这班泥古之徒，看了令人无语，只想把他的满嘴传统，一锤击碎。"人能弘道，非道弘人"，再好的东西，也都得要，有人。"信而好古"，本是个香远益清的词儿，却被宋明以来那群腐儒，弄得臭不可闻；而后，在五四群贤推波助澜之下，"信而好古"，更几已污名化。又随着时代递嬗，大陆曾有段时间，因政治变动，几乎断绝了自家传统；而台湾则这二十年，因政治认同危机，影响了文化认同，遂不知何谓自家传统。海峡两岸，一边断了传统，一边没了传统，现在若说"信而好古"，都显得有些滑稽。

正因远离了传统，也鲜少有人"信而好古"了，于是，海峡两岸，不约而同，都竞言创意，高唱创新。即便是"最传统"的如京剧、如书法等等，也是整天嚷着"新"字。但再怎么高嚷，真论创新，一新不过科技产品，二新不过当代艺术，三也新不过年轻人的标新立异。与之相较，任何所谓创新，都不免相形见绌。

但是，真创新了，又如何呢？科技产品不断更新，正意味着使用寿命日益短浅；而当代艺术的创意，固可炫人耳目于一时，但过了也就过了，浮花浪蕊罢了！至于年轻人的标新立异，那更只是生命的无明不停在躁动着，方生方死，刹那生灭，一切如梦幻泡影，又何贵之有？

又如现代学术，极度强调创见；强调的结果是，这些"充满创见"的学术论文，堆积如山，浩瀚似海，其中绝大多数，归档完毕，也就几乎无人再予闻问了。整天强调着创见，最终，却制造出一堆学术公害。再说文艺"创作"，难道不也如此？许多年轻"创作"者，既无甚生命经验，亦无多人生阅历，更无深入任何一个传统，无资无粮，却动辄要高唱"独特风格"；"独特"了半天，绝大多数的作品却几乎就是朝生暮死，又有几件禁得起时间的沙汰？

创新，是这个时代最大的宗教；过度趋新，则成了我们这时代最难瘳的沉疴。因为夸大了创新，遂使大家如滚笼中的老鼠，狂走疾奔，成日焦虑，无停无歇；终致心困神倦，疲累不堪。最后的收场，则是搞到形容枯槁，了无生趣，太阳光底下无新鲜事，日复一日，只能无聊难耐。

　　相反的，当年那"信而好古"的孔子，他特别标举"述而不作"，不标新，不立异，只是如实地娓娓道来，朴素平易，言简意赅。但是，那《论语》虽然言语寥寥，我们从中之受益，却是无穷无尽；而他们师徒的对话，即便古老已两千余年，但个中之真滋味，今日我们读来，却仍然兴味盎然，好新鲜。古今对照，一意趋新，刹那间便成了过时；而信而好古，却时时透着新意。这古今新旧，着实吊诡。但是，真说到底，也端视有心人如何去领略了！放着那么厚实的家底而不顾，却要一味寒碜，这又何苦来哉？

一以贯之

——忠厚者与聪明人之过

> 子曰："赐也，女以予为多学而识之者与？"对曰："然，非与？"曰："非也！予一以贯之。"
>
> ——《论语·卫灵公》

忠厚热忱与博学多闻的俊彦之士，不妨多留意《论语》里头的这个词，"一以贯之"。

未谈"一以贯之"，先来说孔门之对应。谈对应，很自然要想到公案；今人多少读过一些禅宗公案，不管懂或不懂，多半有种生命的舒畅感，也有种被打着了的痛快。但是，看现代人通篇累牍的论述文章，尤其学院里的论文，却极难有此感受。个中原因，正在于那一桩桩的公案，不仅是对话之形式，更有着一个个生龙活虎般鲜亮生命的对应关系。有对应，就有生机，便活泼。真正的教育，从来就该是这样子的鲜亮；真正的教育，本来就该打着生命之痛处。

同个理，我们今天读《论语》，总觉得比《孟子》好看；原因正在于，《孟子》固然同为对话形式，然而，若论人物之鲜明、生命之对应，却是远远不及《论语》。也因如此，朱天文才会说道，可以像小说一般来读《论语》。但是，若要这般读《孟子》，却是难以想象。话说回来，既然是生命的对应关系，必定有对才有应，必得大叩大鸣，小叩小鸣，不叩则不鸣。但有意思的是，《论语》里头，孔子前后曾两次说过"一以贯之"这个词，一次对曾参，一次对子贡；但这两回，一反常情，都是弟子不叩，孔子却自鸣；两位高弟没发问，倒是他老人家既不思也不想，心头才微微一动，就主动提起了。

孔子之所以有此兴头，主要原因，当然是他们两位皆非一般，都槃槃大才，孔子看重他们。孔子掂估着，节骨眼处有必要点他们一点，给他们提个醒，算是给这两个年轻俊秀将来人生路上一份盘缠吧！而孔子会主动说起，还有另一个原因，那是：尽管他们大才，孔子却依然有些担心；孔子担心的是，曾参太忠厚，子贡太聪明。

忠厚之人，好处是任重道远，孜孜不倦；他不投机取巧，也不心浮气躁；他扎扎实实，绵绵密密。其基本功夫，极深极厚；不蹈空务虚，更不乱唱高调。他一路走来，始终如一。然而，好虽好，这样的忠厚之人，却有其局限：他每每知常而不知变，惯性极强，事情常咬得过紧，浑身上下就一个心眼；他经常自以为"择善固执"，总自觉"自反而缩，虽千万人，吾往矣！"但问题是，这自以为的"善"，这自觉的"缩"，却未必就是那么一回事。实际上，一个人但凡没有孔子"毋意，毋必，毋固，毋我"的火候，如果没有能力在虚虚实实之间游刃有余，那么，过度的"择善固执"，过度的"虽千万人吾往矣"，结果，都可能招致更大的灾难；一不小心，就成了迂腐，成了顽固，成了死硬的基本教义派。这正是历史上许多儒者之通病。

忠厚之人，总关心细节，多注重原则，这当然也好。但却因此，若稍不注意，都不免会成了谨小慎微、拘泥枝节；这种过错，平常之人并不易有，但是，端正之人却最常犯，此即所谓"善人"之过。世人常说"正人君子"，但其实，"正人"未必就是"君子"；孔子在《论语》里头，就曾分辨"君子"与"善人"之区别。他主动向曾参提这"一以贯之"，正是要提醒这忠厚弟子切莫犯此善人之过，莫要执着于细节；更切莫因小失大，不识大体。所谓"一以贯之"，就是要从细琐枝节处抽拔而出，从根源处下手，在核心之处着眼；如此一来，方可贯通"任督二脉"，里里外外，打成一片；若能打成一片，识得大体，则"善人"之过，庶几可免。

至于子贡，那又不同。

子贡聪明，能言善道。他可能犯的，则是聪明人之过。

我以前念书，很佩服聪明伶俐、能言善道之人。他们有才情，神采照人，随时都光鲜亮丽。他们的博闻强记，我尤其羡慕；从小，我就记性差，又特别不会背书。他们且雄辩滔滔，我亦是佩服；自幼，我口拙心笨，反应总慢半拍。看着这等聪明之人，羡慕之余，当然自叹弗如；回头看看自己的笨拙，多少会有些懊恼的。

要等到许多年后，我才总算明白，此等懊恼，其实多余。

聪明人容易贪多务博，也常傲人以学识与才情；一般说来，他们争竞之心颇重，好逞强，好斗能，他们惯习以亮眼的姿态示人。我后来慢慢了解，这样的聪明人，生命里多少有种不易言明的轻佻，更有种紧张；他们比一般人容易焦虑，容易不安。换言之，他们尽管外表亮眼，根柢却是相当脆弱；他们活得比一般人辛苦。我以前读台大，许久之后发觉，周遭的同学朋友，其快乐指数，普遍偏低。

但是，子贡与此不同。

他亮眼，却不骄傲；他聪明，却不轻佻。他鲜有一般聪明之人素常之病。然而，话虽如此，他却仍有聪明人之过。

《论语》里头，子贡与孔子的问答最见精彩；因为，子贡长于发问，又最长于追问。我以前教书，也喜欢这般伶俐的学生；与之答问，电光石火，环环相扣，特别有种酣畅淋漓。然而，喜欢归喜欢，对于这样的学生，隐隐然间，仍会有些遗憾。遗憾在于，他们在最关键处，在生命的最核心处，通常都会，隔了一层。这隔，使他们终究无法"一以贯之"；这隔，使他们终究与大道缘而不入。孔子曾说，"赐不受命"，那是感慨良深！

这隔，正源自于聪明，也源自于擅长追问；正因如此，孔子讲的"默而识之"，他们恐怕很难真正体会。他们总流连于概念分析，总竞逐于广搜博览；结果，以有涯之生，求无涯之知，殆矣！他们很难明白，概念也好，知识也罢，毕竟是身外之物；凡此，并非不好，只是不相干；凡此，皆无助于面对生命的根柢烦恼。若是听凭概念的无限延伸，放任聪明之不断扩展，那其实都是逐物，都会是庄子所说的"往而不返"。

然而，打从幼时开启聪明以来，凭其天分，借其才情，他们备受称许，也因而出类拔萃；正因这般聪明，他们斩将搴旗，战无不胜，攻无不克。对他们而言，这些概念与知识，又岂止是重要?! 所以当孔子劈头一句，"赐也，女以予为多学而识之者与?"这时，子贡当然要丝毫不假思索，便直接反应，"然，非与?"

"然，非与?"

面对子贡的错愕与狐疑，孔子终究要自掀底牌。其回应，很直截，就两个字，"非也!"要子贡别错愕，也莫狐疑；他的结论，更简单，"予一以贯之"。然而，孔子这"一以贯之"，虽说四字寥寥，但令我好奇的是，聪明如子贡，当下闻言，是否果真心中了然? 更令我好奇的是，当今博学多闻的俊彦之士，读了这章，心中会不会也有一番领悟与憬然呢?

附

《一以贯之》问答

谢　翔：谈"一以贯之"，却通篇没谈这个"一"究竟为何？

薛仁明：孔子说了半天，不也没谈那个"一"究竟为何？

当然，你可以说，孔子说的"一"就是"道"，就是老子说的"天得一以清，地得一以宁"的那个"一"。但"道"是什么？老子的那个"一"又是什么？类似的问题，你可以一个一个没完没了地追问下去，问题是，这样的概念分析，对你自己有何益处？有助于面对你的根柢烦恼吗？

有很多读书人，受了西方影响，凡事总爱将概念定义得清楚明白。若是没有定义，他们要不完全不知如何是好，要不就完全视之如敝屣，认为那没有价值。结果，你看看这些迷信概念分析的人，真正面对生命的困境时，一个个仓皇失措、踉跄不堪。为什么？因为他们迷信的那些概念分析，根本就无法转化成生命之能量。所以我才会说，"概念也好，知识也罢，毕竟是身外之物；凡此，并非不好，只是不相干；凡此，皆无助于面对生命的根柢烦恼。若是听凭概念的无限延伸，放任聪明之不断扩展，那其实都是逐物，都会是庄子所说的'往而不返'。"

中国的学问都是体证之学，重点是如何转化生命能量。我当初写《孔子随喜》，就特别强调，我不谈一般所谓的哲学思想。全书真正关心的，是如何透过我的体会与实践，与读者有着当下之对应；这篇当然也是一样，通篇没谈那个"一"究竟为何，但如果读完之后，有了"一番领悟与憬然"，其实，这时就慢慢可以体会那个没有明说的"一"了。

谢　翔：这样会不会使学问流于个人主观，成了大家各说各话？您看现在市面上那些五花八门的国学书……

薛仁明：那些国学书籍的问题，是在于太浅，太偏，又太不相应，倒不在于是否过于主观。其实，将主观与客观看成截然对立，本来就是一种典型的西方式二元思考；中国人不是这样子看事情的。在中国的传统里，主观与客观，本来就是"亦客亦主、时客时主"；主观与客观，两不妨碍。体证之学看似主观，但其中之高低深浅，却有着极客观的判准；至少，是瞒不过明眼人的。而且，当自己体证得越是明晰，通常便越轻易能"客观"地看人看事。相反的，中国的学问若是抽离了个人体证的基础而一味地强调所谓"客观"，其实会变成一种伪客观。

不知老之将至
——无老死，亦无老死尽

> 叶公问孔子于子路，子路不对。子曰："女奚不曰，其为人也，发愤忘食，乐以忘忧，不知老之至云尔。"
>
> ——《论语·述而》

佛经有个词，"无寿者相"，借来说这"不知老之将至"，或许合适。

有种人，很难说得准他究竟多大年纪。外表看来，他白发苍苍，分明早已耆耋。但仔细一看，却又不然；他双眼所及，这个世界，好新鲜，处处兴味盎然；他的眼神，清朗明净，又宛如赤子；而其行事，更是神采奕奕，鲜亮照人，那种精神抖擞，可真是朝气。

但若说他年轻，偏又不像。年轻人的难免浮动、容易轻佻，他可是完全没有，也嗅不出半点躁气的。他沉稳安然，像高僧入定。风涛迎面时，他只不动如山；这不动，分明是岁月锻炼出来的。而境界现前，他又眼神静定；这静定，更是因为风霜饱历，见得到他年轮满布，像棵苍老寒木。

这种似老非老、非老实老之人，勉强言之，"无寿者相"，仿佛是没年纪的。一个人仿佛没有年纪，既年长，又年轻，没有老或不老的问题，甚也没有死或不死的问题。就生理的实然，他当然有老亦有死；但在精神的实然上，他的确可以无老亦无死。《心经》另言，"无老死，亦无老死尽。"这可比孔子一生修行，亦可比今人读《论语》之鲜活依旧，更可比明明两千多年前的孔子怎么还宛如现今呢？

西风东渐，现代人怕老，也讳言"老"。怕老，固因物化社会，老人鲜受时风影响，不被广告所眩惑，依然普遍俭省，消费不多，故而资本主义亟欲将之边缘化。怕老，也因这物化世界，既标准又规格，单调无趣到令人窒息，商人必须借由不断"推陈出新"，刺激买气，也刺激仅有的一点生气；在此商业逻辑下，"老"遂一变变成了陈旧，不利买气，动辄要被"推陈"掉的。于是，"老"，成了负面词，人人避"老"，唯恐不及。

如此畏老，如此竞言年轻，还更因为，大家都已然远离了修行。人无修行，老了，也就老了，与草木同朽。人无修行，老了，不会更圆熟丰润；老了，不会更笃定安然。于是，逐日衰老，便只能逐日惶恐；而越惶恐，反又更为衰老。这样恶性循环，当然不堪；如此不堪，又焉能不惧？

　　这时代更多的人，只有老化，无有成熟。年轻一代，尤甚。许多年少者，初初才十来岁，精神上却駸駸然迈入衰年；可叹那成人世界"爱"之"宠"之，却喂食以计算机游戏，填灌以电子音乐，再充斥以电视电影，极感官之能事，炫目震耳，结果，五色令人目盲，五音令人耳聋，他们都还没发育完全，却早已对这个世界意态阑珊，毫无感兴。感官刺激过剩的他们，极易倦怠，百无聊赖，啥都提不起劲。才刚刚十几岁，却早已暮气沉沉；但眼前年月，却仍长长漫漫，迢迢遥遥，这真让人无话可说！

　　今人越老越怕、越怕越老，实在窘困；而年轻人未老先衰，更是可哀。但人之将老，本不必如此不堪，反而应该更具风华才是。看看孔子当年吧！那人早已耆耋，却仍意兴扬扬，"发愤忘食，乐以忘忧，不知老之将至！"要老，也该老得这么漂亮！

后　记

一九八八年一月十三日，蒋经国去世。台湾进入一个新的时代。是吉是凶，其实未卜；但当时之人，多有一种天真的乐观。

结果，先是李登辉，接着陈水扁，再来蔡英文。先是"本土化"，伴随"国际化"，而后，没明说，却一直进行的，则是"去中国化"。早在二十世纪九十年代初期，读台大历史研究所的朋友，就苦笑着说道，所里的气氛，念中国史，"像"在念外国史。再过几年，这"像"，就已然不只是"像"；有个大学中文系的系主任，便公开主张，中文系应该隶属外语学院！

台湾政客有句口头禅，"政治是一时的，朋友是永远的!"这话人人会说，但恐怕无人会信。然而，这话若改个词，将"朋友"换成"文明"，那么，证诸历史，却有相当的准确性。中国文明向来是，只有亡国家，没有亡天下。天下之所以亡不了，正因为，文明自有其威严。政治是一时的，文明才是永远的！正因有此威严，故而中国文明捱得过五胡乱华，度得过蒙古铁骑，也化得了八旗刀兵。

但是，李登辉、陈水扁以及蔡英文这样的政客，并不理会这种威严。为了政治目的，他们想方设法，要斫害这个文明。于是，这斫害，由缓而疾，由浅入深，从部分到全体，骎骎然，三十几年矣！三十几年来，民间的伤害，其实有限；虽说情绪一时有了混浊，但因根柢深稳，真要斫毁，老实说，并不能够。最可怜的，还是知识分子与文化人。他们受五四影响，传统的根基，本来就比民间脆弱；再加上这三十几年来，竞举"本土化"，竞说"国际化"；结果，没完没了乱纷纷的"论述"，永无止境闹哄哄的争议，三十几年的折腾翻搅，遂使许多人在精神上，空虚彷徨，不知何往；他们在心灵上，已然无家可归。你若言"传统"，他还会问你，是哪一个"传统"？

因为无有归宿，因为无以安顿，岛内许多知识分子，生命之轻，胜似飞絮；精神漂泊，宛若浮萍。结果，一群老大不小之人，成日嚷着要流浪，也实在不堪；而躁郁症蔓延之疾之广，更几乎成了另个"台湾奇迹"。在台面上，最长于议论的知识分子，眉头常也最为深锁。他们之中，有人戾愤，有人烦躁，有人苍白；更有人忙碌终日，看似繁盛，实则早被虚无主义紧紧缠身：走在路上，坐在桌前，忽地一个出神，竟不知自己身在何处，自己又是谁人？

归去来兮，归去来兮！田园将芜，胡不归？都说，台湾的文化底蕴深；都说，台湾的传统根基厚。但三十几年的消磨，那传统底蕴，而今何在？天地闭，贤人隐：只见有识之士，暗哑无言；只见俊彦高人，沉潜默然。传统的价值，一路剥离；传统的价值，由显转隐。自家的传统，因政治不正确，只能低调地说，只能默默地读；谈自家传统，竟像是，孤臣孽子。

结果，大陆前些年因孔子热而爆红的某名家，台湾许多人看了，频频摇头。但是，再怎么摇头，自诩儒释道传统深厚的台湾，放眼望去，一时半晌，竟不知哪儿找人来谈谈孔子？！

杨泽这样子问道。

杨泽是《中国时报·人间副刊》的前掌门人。《人间副刊》曾经长期引领文化风潮，与《联合报·联合副刊》

一直是台湾最具影响力的文化版面。二零一零年，杨大哥打电话邀写孔子；一时间，我也不甚把握，只能回他，先写看看，试试再说。结果，写了《素面相见》；蒙他不弃，颇多鼓励，遂又接续写了《孔子九章》。从二零一零年一月，半年内，我在《人间副刊》登载了多篇孔子文章，每篇约略三千字。如果不是杨大哥，大概就不会有这本书。今日成书，首先要谢谢他。

又因尔雅出版社隐地先生的盛情，《孔子九章》收入我的《万象历然》一书，很快就出版了。后来我到北京，与新星出版社的副总刘雁以及责任编辑饶佳荣见面；提起《万象历然》，他们希望我将《孔子九章》扩充，写成一本孔子的专书。我应允回台之后，再慢慢酝酿。于是，又隔一月，变换了形式，遂有《论语随喜》。写了三则，我投寄给《联合副刊》，才一个小时，主编宇文正来信问道，如果会一则一则接着写下去，那么，帮我开辟个专栏，如何？

谢谢宇文正。就这样，《论语随喜》专栏开张。于是，二零一零年，岁次庚寅，前半年，我在《人间副刊》谈孔子；后半年，我在《联合副刊》写《论语》。隔一年，我又在上海《东方早报》（《澎湃新闻》的前身）接着写其他篇章。而后，结集出书，相续与两岸的朋友见面。

在台湾，一直是由尔雅出版社印行；而在大陆，则先是新星出版社，再有立品图书，而今，遂有机缘让这些历经多年的所有谈孔文章，再汇集由中华书局出版。

此时此刻，我想起了三十几年来的台湾，也想起了百余年来中国历史的巨劫奇变。潮起潮落间，我同时也看到，花谢寂寂，又花开。一个个的弄潮儿，浪头再高，锋头再健，终究已然被历史淘尽。而文明如花，眼看它枯萎凋谢，才惋惜，才嗟叹，但一转眼，却又寂然化开了。在那潮起潮落间，我于海峡之东、大洋之西的池上乡野之地，静静地写着这本孔子之书；而在这花谢花开里，我住在中央山脉与海岸山脉之间的纵谷平原，仿佛听到了中华文明之花轻轻地绽放，这绽放的声响，虽然细微，但分明有个新的节气。

辛卯年立春初写，辛丑年雨水修订，薛仁明记于池上与上海

评论与回响

谈薛仁明

倪再沁

　　要我谈造型艺术，绝对可以头头是道。因为，我在这里面泡了三十余年。然世间学问何其庞杂，人生却又何其短促，以致专精者众，宏通者寡，我当然属于前者。

　　老友林谷芳终年只穿着一件米色单衣，不论在吐鲁番或长白山上皆如此。他的学问亦然，也是自在无碍，遂得言语三昧；有好几回，我们应邀在讲台上对谈，主题都是我的专业范畴。但他老兄一样是以不变应万变；不必准备，更不必套招；只见他神闲气定，依旧是四通八达。如果情景互换，谈的是表演艺术或禅学，那我肯定是傻在台上。要我谈老本行以外的主题，免谈！

　　由于在佛光大学艺术所任教，得识既沉敛又亲切的薛仁明，知他才气纵横却隐于乡野，也知他终将拔剑出鞘。当他写胡兰成论文时，每写一章我就先睹为快，才

谈薛仁明　｜　267

知他治学之广博且深刻。其为文也，剖析细腻，见解独到。不论历史人物、禅宗道学或书画戏曲，从不为众说纷纭的外象所蔽，而能直探本体。可以极幽微，又能吞吐开阖，出入无碍；难怪他也是不分寒暑只着一袭赭红色单衣，像是打通了任督二脉。某年佛光艺术所师生赴台东池上游，某生见我穿得很不搭调，建议我也来一件单色棉（麻）衣，可以成就一道文人风景。我一向畏寒怕热，要我终年一以贯之，不必了。

胡兰成，是一个极受争议又复杂难解的人物，其才华与器识可谓水深浪阔，一般人难以探其究竟。我年轻时也读过《今生今世》和《山河岁月》，说老实话，很多地方都看不下去。因为胡太大，而我太小；因为胡太深，我太浅。不过，也不能全怪我，胡不但是在生死成败、善恶是非边缘上安身的人，他的文字也颇为边缘，有时让人觉得妩媚，有时觉得生涩；有时觉得似诗，有时觉得像杂文，总之如此夹叙夹议，面向广阔、意气兴发的文章，读来颇为辛苦，勉力读了几回之后，也就将胡束之高阁了。所以胡兰成之于我，不熟。

孔老夫子，是一个早被定型化的历史人物；他老人家到底有多大，我并没兴趣研究。不过，为了大学联考，国文项目中的中国文化基本教材《论语》，年轻时也曾不求甚解的背得滚瓜烂熟。当年读的是朱熹所注版本，授课的老师也一副夫子样，因之我的《论语》体验，显得非常严肃，不仅正经八百，还道貌岸然。无怪乎考完试之后，就再也不愿看到有板有眼、老在训人的至圣先师了。其实，自五四运动高喊"打倒孔家店"之后，孔子就俨然是逐渐僵化封闭的传统文化的象征，即令台湾高喊复兴中华文化运动，每年也都有祭孔大典，但就像供奉在殿堂的神祇，只能令人敬而远之。这样的孔子之于我，没兴趣。

薛仁明的论文后经由如果出版社印行，《胡兰成·天地之始》是他的第一本著作，由于能出入于历史考证、生命境界、禅宗修行、艺术美学……，又能回到人情之常平视一切，遂能全面观照且如实描绘胡兰成错综复杂的人生道路。无怪乎此者一出，旋即惊动文坛，热烈的讨论，不仅使后知后觉如我者重新看待胡兰成，也不觉跟着薛仁明的视野观照了自我的生命情状。

继胡兰成之后，薛仁明的《素面相见——孔子九章》再度引动视听，虽然表面上没有像论胡那么成功，但在众多读者心中扰动的波澜，恐怕更为强烈。何以如此？因为我们都是至圣先师孔子的"弟子"。谁没读过《论语》？谁不能来几句"子曰"？谁能避得开儒家孔门的影响？薛仁明"谈"（而非"论"）孔子，就像在替相识已久的老朋友讲几句公道话，而且经常把他摆在今日的现实情况里来比拟，所以不必说理，就能使人因"同情"而接纳之。也只有真正的知音，能把早已概念化的孔子描述成如此有趣、清新、通达且生机活泼的寻常人物。通过薛仁明所看到的那个亲切的孔子，再重新看过《论语》，从前认为尽是大道理的"古训"，竟如此易解，读来令人神清气爽、趣味盎然且气象万千。

让胡兰成复出江湖，又让孔子重新出土，在我看来，这仿佛是绝处逢生的事业。此所以薛仁明像是林谷芳常说的那种"一击必杀"的狠角色。而这样的人物，却又只是住在乡野，带着妻小过着再简单不过的居家生活；与之相对，也不过带着腼腆笑容，闲话家常而已。

〔倪再沁，前台湾美术馆馆长、东海大学文学院院长〕

孔子的天下文明

——读《孔子随喜》

杨晏来

> 孔子适周，将问礼于老子。老子曰："子所言者，其人与骨皆已朽矣，独其言在耳！且君子得其时则驾，不得其时则蓬累而行。吾闻之：'良贾深藏若虚，君子盛德，容貌若愚。'去子之骄气与多欲，态色与淫志，是皆无益于子之身！吾所告子者，若是而已。"
>
> ——《史记·老庄申韩列传》

一个人的儒学

尽管有老子的提醒，孔子的道路，到底还是那么曲折。

晚周之际，太山颓，梁木坏，哲人萎，然而天之未丧斯文也，有圣人孔子以述为作，铺衍文明，教化四方。孔子不是儒家，至少不是孔子以后的儒家。孔子之后，儒学一分为八，子夏传其文献，因其门人应所知量各有不同，各自取一瓢饮，遂与孔子本人的学问渐行渐远。后世，谁人与孔子的学问相近也真难说清。

表象上，继承孔子学问的是思孟学派，这也是后世最容易被人接受的说法。而思孟学派往后发展，儒者多成了道德专家，以至于今大一般人提起儒家，首先想到的是"仁义礼智信"，且稀释掉了丰富的内涵，就只剩个臆想出的笼统"好人"。本来，慈悲之人多愚笨，儒生的老实迂腐、不堪一击，遂为历代统治者所利用以装点门面。"内用黄老，外示儒术"，本来就是朝野公开的秘密，可偏偏就是这帮儒生"不信邪"，哪怕汉宣帝（见《汉书·元帝纪》）和毛泽东（见《七律·读〈封建论〉呈郭老》）直接嚷嚷出来，他们还不死心。

秦汉之际，所谓儒家，实已命若悬丝，到汉武帝时期，文化开始复兴，士大夫始反思春秋战国之弊，为现实抵御夷狄而虑，且大一统思想又已深入人心，遂有董仲舒建议："今师异道，人异论，百家殊方，指意不同，是以上亡以持一统，法制数变，下不知所守。臣愚以为诸不在六艺之科、孔子之术者，皆绝其道，勿使并进。"

（《天人三策》）于是，思孟学派成为中华文化的主脉（虽然民间并非如此）。

天下承平既久，儒生气量愈狭，言说愈酸，所见甚小，是古非今，不能守正创新；惟是单纯复古，先是酿成王莽之祸，其后导致天下大乱。三国如此壮阔响亮的时代，江东的腐儒及为曹操杀害的孔融之流，到底沦为积弊难返的沉疴，殊可叹也。而西蜀历经诸多忧患与重创，诸葛亮尚且能稳守江山，除了他执法严明以外，端的靠的是巴蜀道家风气能养民。魏晋尚三玄，且有佛法传入东土，遂致文化大兴，一切都似乎铆足了劲，只为隋唐盛世做着准备。彼时，儒者个个文采风流，昨日的贞刚与悱恻，转眼间，化成了贞观开元的气象与风骨。可文章以外，儒学到底迂阔，又恰逢佛法全盛，遂高者尽皆入禅。

后世的宋儒，不以唐代儒生为然，就是认定他们根本没有继承孔孟之道，只会写写诗，雕虫小技，应景无聊，程颐还引杜诗来说明，生怕学生们不心悦诚服。宋儒同样瞧不起苏洵父子这样的人，因为不能忍受他们对佛道的礼敬，觉得那是没骨气，丢了儒家的脸面。宋儒完美地继承了色庄者与君子者各一部分，以师儒之道自居，公开讲孟子以后就是他们了；气魄之大，前无古人，实在也令人动容！他们在禅宗的刺激下，从道佛的滋养中重整理论；他们擅自篡改经典，不改就不能在理论体系上分析得周密；他们精勤无比，力图在抽象的思索中穷极物理。后来王阳明讲《大学》与朱子有异，但理论完全不能与朱子相匹，讲心性就比朱子还封闭，因为阳明不能解说自己的事功，教导学生如何诚意正心比宋儒更过分，以至于阳明的后学才真真是百无一用。

汉唐的儒生虽然老实，但老实也有老实的好处。宋儒以后则更糟糕，把道理悬得太高，儒生多被一种情绪化的迂执所缚，要么即堕落为十足的伪君子。冻地寒天里，陆象山一句"君子喻于义，小人喻于利"，能声情并茂地讲几个时辰，令朱熹挥汗如雨（心不安之故，自忖无此口才），朱子的弟子们则嚎啕大哭。别义利固然重要，可下面那些儒生又有什么义利可别呢！这么讲下去，儒家只剩下狭隘的道德与实质的柔弱。如此，一直影响到五四以来的反弹，有胡适、鲁迅诸君揭露"礼教吃人"，主张全盘西化，一直到"文革"中的"批林批孔"，骨子里明明是宋明儒靠情绪撑起来的虚无。

五四来的新儒家，其实是讲儒学的西方哲学专家，冯友兰、牟宗三最为典型。而如今，新儒家已经在学院的鲜花与掌声中昂首迈进"儒学第三期"。新儒学延续到了第三期，析理辨微，俨然体大思精，比起西方哲学似乎毫不逊色。因为儒家文献多，可去解读的问题是无穷无尽的。可到了此刻，所谓儒学，怕是与孔子的儒家，或儒家的孔子，已经没有什么关系了。

文化应该多元，否则社会必然积弱，或走向歧途。孔子被误解得太久，他的学问本身就是多元而丰富的。最能全面继承孔子学问的其实是颜回，我们可以感受到《论语》中颜回和《庄子》中颜回的气质简直判若两人，其实只是一个他。同一个颜子，我们已经不能辨认，就已经匆匆地宣扬儒学了。我们所宣扬的儒学又是哪一家的呢？

国学复兴中的孔子

文明的道路，就是如此艰难的。

二十世纪九十年代以来，中国人文化饥渴逐渐加深，重新看取自家的学问，兴起了所谓的"国学热"。一夜之间，陈寅恪成为传奇，紧接着章太炎、王国维、马一浮等民国人物一个个走红，同时唐诗宋词元曲明清小说常年畅销，许多中学生手里捧着纳兰词，儿童读经成为共识，媒体商家高校联合打造学术明星，在电视上讲授传统文化，孔子学院在全世界遍地开花，九米五高的孔子像矗立在天安门广场（现在已经移换了地方）。放眼望去，仿佛国学已然繁荣。

仔细一看，不对。讲了半辈子"独与天地精神往来"的人，担心死后不能进八宝山；刚刚还对着学生"不义而富且贵，于我如浮云"的人，下课后就匆匆忙赶去"浮云"；《黄帝内经》如此抢手，据说养颜美容效果极佳；普天之下儿人能懂《孙子兵法》，居然人手一本，以便在商场上战无不胜……听名家们讲得精彩明白，听完之后，与自己的生活还是"两张皮"；而国家博物馆前面"孔子"的形象，分明地纯乎是宋明儒对思孟学派的极端想象，难怪有人说孔子是为统治者服务的，如果它手上提一把剑，也许会离孔子近一些吧。

我们离真正的国学，离孔子，还远得很！

说孔子，不能不提《论语》。汉三家《论语》，自孔安国到邢昺，历代学人，权威集解，依次替代，至朱子而成一言堂。近人程树德先生《论语集释》，力避门户之囿，学界咸以为通读此书，《论语》就算过关。其实，《论语》何须如此过关呢？郭店本、敦煌本，专家学者外，鲜有人寓目，而更重要的定州汉墓竹简一个汉宣帝时期的残本，则与如今流行的版本，竟然相异达七百多处！到底哪句话才是孔子说的，人言言殊；但倘若要这么读书，那么，《论语》让人敬而远之，则属自然而然。

其实，若有慧眼慧心，即使是一个残本，也能读出生命的古今纵横，也能读出圣人的微言大义。反之，学院之学术辨析愈是精微，源流考证愈是详细，那么，《论语》就越模糊。《论语》可穿凿的余地还不是很够，《老子》更惨，学界单单阐释《老子》的文字早已超过五千万，据说也都解释过"曰慈，曰俭，曰不敢为天下先"。龚鹏程先生在《三教论衡·自序》中言道："孔子与儒学其实也是不难懂的。童年一晤，握手成欢，那时我事实上就已经懂了。后来的积闻研练，只不过是与那些把孔子和儒学解释得歪七扭八的各种说法、把孔子和儒学乱批一通的各类反儒言论相纠缠罢了。为了证其误、订其譌、明其蹐驳纠缭，而费了许多年许多工夫，回想起来，实在颇觉不值。学非所以见道，徒疲精神于辨讹，哀哉！"这意义很大，但这路子恰当与否，实值得商榷，因为毕竟"颇觉不值"，毕竟"哀哉"！

如今，许多背离孔子的学说，又借着尊孔的名义，借尸还魂。说到为谁服务，孔子志于道，为天下服务，他不悖天道，不昧人情。阿难向释迦撒娇，孔子也宠爱子贡。李白嘤嘤然曰："我本楚狂人，凤歌笑孔丘。"谪仙和楚狂才真的是孔子的朋友。又孔子重视道德，却不会只讲道德，那样的话，道德就根本保不住。可惜直到今日，人们心目中儒家的道德，仍然是宋明理学的，高校里讲授《论语》皆以朱熹的注解为宗，实在是扼杀《论语》。

在《论语》形成的年代里，苏格拉底、柏拉图正面朝大海神思终极，释迦牟尼的门人也正修纂着佛经，而在黄河流域的井田闾阎，则有百家先贤与天地揽臂游嬉。于彼光阴下，一部简素的小书《论语》出世，汩汩静水深流而去，涵养了华夏子民两千五百多年，虽历经险曲，至今弥见其熠熠鲜活。如今文字讯息泛滥，而《论语》区区万余字，其精义历久弥新，原因何在？因为《论语》就是讲的家常话，用于个人修身，可及于草野之豚鱼；用于齐家治国，可调理鼎鼐之经纬。质言之，因为它与我们，与中国人的生命是息息相关的。自汉代始，读《论语》不过与《孝经》一样，属于儿童启蒙读物，读着高兴就好了嘛！我们是离素读《论语》太远了，离真实的孔子太陌生了！

薛仁明《孔子随喜》的启示

《四书集注》让我们感受到朱子的中规中矩，博学勤思；《论语译注》让我们敬佩杨伯峻先生严谨雄厚的朴学；《论语今读》有李泽厚先生对时代的思考。至于《论语别裁》，则分明是南怀瑾先生气贯长虹的风姿和气魄；有学者以学院那早已异化的眼光对之吹毛求疵，其实，都是自取其辱。

"我在说话，话在说我。"不论哪一家解读《论语》，映现的，首先是作者本人的心量和才识。于是，今天我们便欣然读到了台湾行者薛仁明先生素读《论语》的心得报告——《孔子随喜》。

薛仁明笔下的孔子及孔门弟子是素面的，他写得平常、朴实、可信，仿佛是自家的生活记录。究其原因，作者与《论语》里的风光，不像我们大陆这般隔膜，所谓风吹花开，有什么样的土壤，就容易出什么样的人才。

薛仁明来自台南乡间。台湾的文化底蕴是不容忽视的。自郑成功击败荷兰殖民者，不少江南才士即移民宝岛，创诗社，建孔庙。康乾之际，台湾也成了士绅主导的耕读社会。若非如此的文化背景，很难想象后来梁启超、章炳麟到岛上与何人交流。甲午之后，日人对台政治经济压榨外，于文化干预却不多，从赖和、吕赫若等早期台湾本土作家的描写中均可窥见，有几任台湾总督都是中国通，惟其殖民最后几年，末日恐慌中推行了歇斯底里的"皇民化"运动。台湾光复后，大陆的"文革"刺激台湾当局推行文化复兴运动，彼岸知识分子也铆足了劲，大有为中国文化继绝存亡的悲慨。讲三民主义的，阐扬尧舜禹汤、文武周公、孔孟之道统。至今，诗人郑愁予也将孙中山先生与尧列齐，而他自谓最重要的作品《衣钵》即为纪念孙中山先生而作。陈立夫著书立说，亲自授课。蒋介石则强调伦理，推崇阳明学，为此还被满口民主科学的胡适之反驳过。更重要的是，南怀瑾先生在台湾授课，从国民党高级官员到贩夫走卒，有教无类。此外，赴台的宗教界人士，尤其佛教界领袖们大兴佛教，使得佛教文化传播在当今的宝岛竟是一枝独秀，看"随喜"这词就知道了。

是这样的华夏文明，哺育着台湾的民间社会，哺育了薛仁明。而《孔子随喜》这样的文章，也还端赖他写出来。他的任何议论皆出自亲身所感，所以，我们觉得似曾相识，自己要说而说不出的话，被他道着了。也所以，他看大陆，看台湾，往往更能扣住本质，此所谓格物致知。薛仁明多年与台湾主流社会保持距离，使得他更能够准确地看到当下社会的诸般营为与造作，所为何物，所为何来。几年前，台湾禅者、音乐家林谷芳先生在一篇叫《大风起兮》的文章中写道："他（薛仁明）僻处乡野，却观照古今，谈起徐州为何出豪杰，连徐州人也不一定如他通透。有天他约我去池上，拜访一位送我禅堂法书、已退休的萧姓老师，及至一见，才惊觉在这两人身上，竟可以映照出多少台湾当前的局限。"薛仁明不是孔子专家，他写孔子，只是应缘对话，闻风相悦。从头读到尾，这是一本令人神完气足，平正阔大的小书，掩卷沉思，不禁思量，怎不思量？故曰《孔子随喜》，欺君不得。

《孔子随喜》观照当下，命意曲折，也像孔子般的心忧，不乏对匹夫匹妇的怜惜与怒目。因为，台湾民间的人情物意，也正遭受着现代社会种种无明的威胁。文明是要靠教化的，台湾文化人先是纠缠于传统与现代，如今又鼓动中国文化与台湾本土文化的隔阂。高校里开设了台湾文学系，无怪乎小布尔乔亚的忧伤自恋情绪蔓延在台湾整个文化界。当"去中国化"泛滥成风时，孔子可如何栖身呢？而台湾学院中讲授传统经典的方式方法，又是与大陆别无二致的西化套路。于是，最令人担忧的是，台湾一代又一代的青年学子。大陆虽国学热方兴未艾，但学院里要么是乾嘉朴学的路子，要么是如程朱理学、西方哲学一般地遨游于语言逻辑的玄思，亦其弊甚夥。

薛仁明的志向，是要提供另一种路径，一条修行的路径，一条与物无隔，能够吃饭睡觉之时，亦可触摸孔子天下文明的路径。在这条道路上，我们可以活得实在一些，安宁一些，我们可以不忘其忧，不改其乐。《孔子随喜》其实是他的老婆禅。故曰所言随喜者，即非随喜，是名随喜。

却说，那次孔子问礼于老子，反被骂了一顿。如来是真语者，实语者。老子说的也都是实话。而孔子，到底还是做了他该做的事。华夏文明也到底是靠了他才能延续。回想当年事，悠悠千载，沧海桑田，令人想见其高远迷离。而眼下是，孔子的天下文明开始复兴。薛仁明向我们呼唤：素面看孔子！

〔杨晏来，现居北京〕

薛仁明与《孔子随喜》

区桂芝

薛仁明大约是近几年来华人文化圈新窜起的、最为闪亮的，熠熠明星之一。说"窜"，似乎市侩而鄙陋，但这字眼的动态感的确颇能说明他的出现所引起的注目之广及传布之快。

薛氏才高学博，文章清朗挥洒，满是风情：明明说的是深沉哲思，却又显得云淡风轻；写的是生命学问，反似船过无痕。他不想教训谁。也许正如其师林谷芳教授所言，以气象之笔谈史论事，"就有一番自家风光"，而这正是薛仁明一出手就掀起江湖风波，令人目不转睛的实情所在吧。

要认识薛仁明不难，目前为止，他著作不多；但是，真要彻底了解，却也不易，因为他的学问很大，文史哲禅道艺，多元博杂。但无论如何，读《孔子随喜》一书，观热闹也罢，看门道亦可，精彩趣味，不在话下。

在《孔子随喜》一书中，薛仁明贯穿古今、出入经史，同时又谈禅批道（宋明理学之道）；他以风姿绰约的文字，企图重塑一张可敬可亲、人性又诗情的孔颜。字里行间流泄作者对一部《论语》熟极，通极，透极，又款款深情极。说他是孔子的超级粉丝，绝不为过，但他丰实多样的学养才情，一望即知不是盲目崇拜，人云亦云而已。

《孔子随喜》笔法特别的是，作者总由平常的生活经验出发，譬如《风乎舞雩》一文，他就从看似不相干的西湖之游入手（注意，不是曲阜），从依然料峭的仲春联想到春服既成惠风和畅的暮春，带出《论语》中最美的一幅风景——"风乎舞雩"。借孔子对听似无心，却若有意的曾点之志喟然而叹的举动，进一步探索：我们对孔子"真的那么熟识"吗？再辅以一桩桩一件件孔子在栖遑奔走、又困厄交逼的难堪狼狈中，仍保有乐以忘忧的豁然大器，提醒读者：经过程朱道学诠释的孔子，"那真的是孔子吗？"

作者以为：因为孔子"感而遂通"的诗人特质，使他得"通于人，通透于己"，使他可以高于时代；尤其孔门诗教的关键：那一个"兴"字，更使孔子可以大于所有苦难。因为"兴"，所以他虽然仆仆风尘十数年，虽然他"一肚皮的不合时宜"，但也仍能逐渐迈向生命之境的孤峰顶上。他不似道学家那般一丝不苟，他总是"无可无不可"，但世事了然于胸，红尘万象于他，历历分明啊。

孔门课室中，虽说总诗礼并举，但永远诗先于礼，而后通于乐。这即是"感"、即是"兴"，也使孔子的诗意世界与世人无隔，如此礼教，何能杀人？五四要打倒的，是借孔家开店的道学诸君吧！

《孔子随喜》里头某些观点，我相信，必定不为某些迂腐的儒者所喜。但正因这种不喜，是不是才更证明了这的确是一本斐然成章的大气之作？

〔区桂芝，北一女中语文教师，现居台北〕

喜怒别裁

——从薛仁明《孔子随喜》谈起

杨　典

　　古代不谈了，大约自一九一九年以来，国人读《论语》或谈孔子，便一直戴着一副莫名的愤怒面具。此愤怒从"打倒孔家店"一直延续到"批林批孔"。而愤怒来自何地、何人、何因？我们自己都不知道。似乎是"别人都愤怒，于是我便也愤怒"而已。

　　譬如一九七二年我刚出生时，满世界都充斥着一个标语，就是"批林批孔"。我母亲说，我两岁时常发高烧，而且极害怕打针。但到医院后，一见到医生举起针头，我就会大喊一声："批林批孔。"医生往往吓一跳。但究竟谁是孔老二，我是不知道的。总之，大人们都这么说。看他们的表情和样子，这个词就像打针一样，代表着紧张、恐惧和愤怒，代表坏人。

直到上世纪九十年代，日本作家井上靖的小说《孔子》，和一本台湾学者南怀瑾的讲义《论语别裁》，在短时间内风行于读书人之间，于是才突然便稀释了大家对这位儒家掌门人的酒精中毒状态。因为人们忽然"意外地"发现，原来孔子并不是坏人。相反，他很平常，就像我们的一个邻居。只不过这个邻居总有太多的话我们听不懂，需要解读。他本来很简单，但说起话来却总是有些模棱两可。

最近这些年，那研究、炮制、调侃、演绎、模仿或利用孔子，折腾孔子的人更是越来越多了。孔子像一件戏服，被一拨又一拨的老生或旦角们穿来穿去，唱着各种折子戏。但真正把戏文说到骨子里的不多。其实给《论语》搞修正主义，历代就有，如唐时就有人想把名字改成"鲁经"，并非新鲜事。而近日读薛仁明《孔子随喜》一书，倒更是让我意外。因为这里的孔子，更反常态，俨然已是一位朴素的平常人。之前，我便已读过薛仁明写胡兰成的《天地之始》一书，很为其中旁征博引之跳脱所动。后在他《万象历然》一书中，也看到过关于孔子的数篇随笔。薛对孔子的态度，虽非环环紧扣，但也是"飞檐走壁"了，的确令我看到了一种新气象：这便是一种儒家特有的自在，与类似释家狂禅的大天真。

不过，一切"新气象"若诠释得太多，又会落于文字空相。在此，我只简而言之，便是我看到了一种"中国读书人对孔子从愤怒到喜悦的转变"。姑且叫转变，是不得已。也可以说是重新认知，也可以说是返归原点。总之，这喜悦的学说，皆为忽略掉的一个盲点。因无论是李零的"丧家狗主义"或钱穆的"《孔子传》派"，皆无此欢喜气象也。更遑论各类娱乐化的孔子形象了。

儒教过去称名教，即崇拜"名正言顺"与"名"的万能。胡适在《名教》中说："名即是文字，即是写的字。'名教'便是崇拜写的文字的宗教；便是信仰写的字有神力，有魔力的宗教。"说到底，即是将礼教（制度）、文字（文化）和孔孟（偶像）统一起来的一个准宗教。

对孔子的误读和激烈批判，其实并不是一个历史巧合，更非政治时代的偶然利用。他们都是国民性与人性的典型现象。即将一种本来很自然、恬淡的精神生活宗教神权化。这不仅在知识传播相对闭塞的时代，就是在当代，在所谓"新儒家"把学问时尚化，情况也未尝有本质改变。因那似乎只属于极少数"并非深刻的幸运者"。譬如当于丹因说"心得"而惹了众怒时，那些批判于丹的人依然说的是"孔子很生气"之类的话。愤怒的回归仍是愤怒。而《论语》之治学，与古希腊《对话录》、基督教神学、十八世纪启蒙哲学或二十世纪分析哲学皆截然不同。最不同的根本点，大概在于《论语》没有系统逻辑和辩证分析。就是强调"以直报怨"时，也从不生气。因《论语》里的话，大多是孔子本人，或孔门之人一言以蔽之，一步到位，且点到为止。来龙去脉完全凌空，背景资料几乎是零。这种高深的探索和集锦，更容易被神学化。

但这恰恰是个最大的误会。儒家称教，也并非汉武帝、董仲舒、朱熹或北宋理学、心学的错，而是一个民族思维定势的必然结果。而从人心与修行的角度说，《论语》其实是反对一切僵化思维定势，是真正标榜"知行合一"之范本。或如用薛仁明之言："孔子门庭那鱼跃龙腾之胜景，后世最可见者，不在儒门，反倒是在禅门师徒之间。"

此外，薛仁明之书也不避时事，从颜回、子贡、曾子与孟子的区别，一直谈到了胡玫的电影和台湾风气……此书令我亦喜悦，深入浅出，也是关键。而不落于小学之窠臼与训诂晦涩，还孔门师徒一团原始欢笑，却正是我们这一代人或缺乏的心气。我们诞生于仇恨的时代，受的是仇恨的教育，面对仇恨的社会，充满仇恨的阅历，哪里来的欢喜？而想要突破这仇恨的外衣，大约首先就要考虑如何忘记一切"思想和问题",而善于去"游于艺"。薛氏也曾谈到:有人问他,在研究所里头,有几个永远说不清的问题,他怎么有办法用简单的几句话,就说得大家清楚明白了呢?薛氏当时便笑道:"因为我比较没有学问呀。"

这"比较没有学问",实乃一句最狂狷话,也很令我中听。

薛氏看似随和,其实颇有狷气。好似民国"打倒孔家店"者也未必都一个脸谱,如林语堂就写过很多关于尊孔的文字。他的戏剧《子见南子》尚且不谈,林还曾在《狂论》一文之开卷便言:"我尊狂,尊狂即所以尊孔。尊孔即所以贬儒,使乡愿德贼无所存乎天地之间……尊狂即所以尊孔,盖狂者为孔子所思念。"当然,林语堂也多论孔子的"幽默",而他这种狂狷仍有民国范儿,多少还带有一些愤怒懊恼的影子。而薛仁明之人与文,更多了些宽容。这似乎也意味着中国人对孔子的认识过程,也是从狭隘的文字学走向更宽容的人性的过程。古代不谈,这个过程说短了,自新文化运动以来也有一百多年的历史了。而看薛氏的书,就像与之午后闲聊,不经意间便将繁杂心绪以嬉笑挥散而去了。犹记得他去年来京时,到我工作室喝茶。我这人不善待人接物,薛一人最健谈，纵横乎书、茶、琴、戏等无不涉及，却又无一挂碍于心。只是当他走后，会给你留下一种欢喜的氛围，可待追忆。这就好像我们掩卷一册好书后，便出门去了，似乎什么也没想。等过了些时日，看见浮云流窗，人间炊烟，忽然又依稀记起了书中的话，喜怒之间，于是便恍然有所悟矣。

〔杨典，作家、琴人、画家，现居北京〕